AF581818

TABLE

ALPHABÉTIQUE ET RAISONNÉE

DES MATIÈRES

CONTENUES

DANS LE CODE DE COMMERCE.

Se vend À PARIS,

Chez GALLAND, Libraire, rue Saint-Thomas du Louvre, n.° 32.

TABLE
ALPHABÉTIQUE ET RAISONNÉE
DES MATIÈRES
CONTENUES
DANS LE CODE DE COMMERCE.

A PARIS,
DE L'IMPRIMERIE IMPÉRIALE.

1807.

TABLE ALPHABÉTIQUE
DES MATIÈRES
CONTENUES DANS LE CODE DE COMMERCE.

A

Abordage. Pertes résultant de l'abordage qui sont aux risques de l'assureur, *article* 350. — Considérations d'après lesquelles le dommage est supporté par le navire qui l'a éprouvé, ou par celui qui l'a causé, 407.

Abréviations. Les agens de change et les courtiers n'en doivent point faire dans leurs livres, 84.

Abrogation. Celle des délais de grâce, de faveur, d'usage ou d'habitude locale, 135. — Abrogation des lois anciennes sur le commerce. *Art.* 2 de la loi qui est à la suite du Code.

Absence. Le failli qui, s'étant absenté, ne se présente pas aux agens et aux syndics, est réputé banqueroutier simple, 587. Voyez *Présence.*

Acceptation. Quelles personnes sont garantes de l'acceptation et du paiement des lettres de change, 118. — Comment se constate le refus d'acceptation, 119. — Règles concernant l'acceptation, 122 *et suiv.* — Acceptation par intervention, 126. Voyez *Effets de commerce, Provision.*

Accords. Lesquels sont réputés actes de commerce, 633.

Achats. Comment les achats se constatent, 109. — Lesquels sont réputés actes de commerce, 632. Voyez *Conditions.*

Acquits-à-caution. Le capitaine doit avoir à bord ces acquits et ceux de paiement, 226.

Actes. Nullité des actes translatifs de propriété à titre gratuit, des engagemens et des paiemens faits dans les dix jours qui précèdent l'ouverture d'une faillite, 444 *et suiv.* — Actes conservatoires que les agens et les syndics de la faillite sont tenus de faire, 499. — Quels actes sont réputés actes de commerce, 632 et 633.

Actes de société. Les associés en nom collectif, indiqués dans l'acte de société, sont solidaires, 22. — La preuve par témoins n'est pas admissible contre et outre le contenu dans cet acte, 41.

Actif. Comment se répartit entre les créanciers le montant de l'actif mobilier d'un failli, 558.

Actionnaire. L'extrait des actes de société doit contenir les noms, prénoms, qualités et demeures des actionnaires, 43.

Actions. Celles d'une société anonyme, 34. — Formes sous lesquelles elles peuvent être établies, 35 et 36. — De quelle manière s'opère leur cession, *ibid.* — Actions d'une société en commandite, 38. — Délai pour la prescription de différentes sortes d'actions, 431 *et suiv.* — Les actions civiles intentées contre un failli par un créancier privé, sont suivies contre les agens et syndics, 494. — Les actions civiles sont séparées des poursuites criminelles dans les cas de banqueroute, 600. — Actions de la compétence des tribunaux de commerce, 632 *et suiv.* — Autres dont ces tribunaux ne peuvent connaître, 638. Voyez *Fins de non-recevoir, Prescription, Sociétés.*

Adjoints de maires. Voyez *Maires.*

Adjudication. Formalités relatives aux adjudications des bâtimens de mer, 206 *et suiv.* — Délai pendant lequel les créanciers d'un failli dont les immeubles ont été adjugés, peuvent y mettre une surenchère, 565. Voyez *Folle enchère, Ventes.*

Administrateurs. Ceux d'une société anonyme sont révocables, 31. — En quoi consiste leur responsabilité, 32. — Les administrateurs ne peuvent être admis au bénéfice de cession, 575, — ni à la réhabilitation, 612. Voyez *Syndics.*

Affiches. On fait afficher un extrait des actes de société en nom collectif et en commandite, 42. — Il en est de même pour l'acte du Gouvernement qui autorise une société anonyme et pour l'acte d'association, 45. — Dans quels lieux on fait apposer les affiches de ventes de bâtimens de mer, 203. — Formalités pour ces affiches, 204 *et suiv.* — Les arrêts rendus contre les banqueroutiers frauduleux sont affichés, 599. — Lieux où l'on fait afficher les demandes en réhabilitation, et durée de l'affiche, 607.

Affirmation. On peut exiger celle des personnes présumées débitrices sur leur libération, même après la prescription des lettres de change, &c. 189. — La délibération qui est prise lorsqu'on se trouve obligé de jeter des marchandises en mer, doit être affirmée, 412. — On doit aussi affirmer ses créances sur un failli, 507. — Celles qui n'ont pas été affirmées, ne sont pas comprises dans la répartition, 513.

Affrétement. Quels courtiers et conducteurs font le courtage des

affrétemens, 80. — Frais dont l'affréteur profite ou qu'il est tenu de payer, 287, 288 et 294. — Les affrétemens sont réputés actes de commerce, 633. Voyez *Chartes-parties, Dommages-intérêts.*

Agens. La loi reconnaît des agens intermédiaires pour les actes de commerce, 74. Voyez *Agens de change, Courtiers.*

Agens de change. Ils sont, avec les courtiers, les agens intermédiaires du commerce, 74. — Où il y en a, et par qui ils sont nommés, 75. — Leurs fonctions et leurs obligations, 76 *et suiv.* — En cas de faillite, ils sont poursuivis comme banqueroutiers, 89. Voyez *Banque, Cumul.*

Agens d'une faillite. Leur nomination, 454. — Entre quelles personnes le tribunal de commerce les choisit, 456. — Durée de leur gestion, 459. — Leur révocabilité, 460. — Serment qu'ils prêtent, 461. — Leurs fonctions, 462 *et suiv.* — Compte qu'ils doivent rendre en cessant leurs fonctions, 481. — Indemnités à eux dues quand on ne les a point choisis parmi les créanciers, 483 *et suiv.* — Actes conservatoires qu'ils sont tenus de faire, 499.

Agrès. A quels paiemens sont affectés les agrès et les apparaux d'un navire, 280 et 320. Voyez *Loyers, Prêt, Primes.*

Aliénation. Autorisation nécessaire aux mineurs pour aliéner ou hypothéquer leurs immeubles, 6. — Formalités pour les aliénations de la part des marchandes publiques, 7. — Droits et actions pour l'aliénation desquels l'union des créanciers peut être autorisée par le tribunal, 563.

Amarrage. Voyez *Droits.*

Amende. Contraventions qui donnent lieu à une condamnation d'amende contre les agens de change et les courtiers, 87. Voyez *Notaires.*

Ancrage. Droit non réputé avarie, 406.

Ancres. Avis que doit prendre le capitaine lorsqu'il se croit obligé de les abandonner, 410.

Antidate. Voyez *Ordre.*

Apparaux. Voyez *Agrès.*

Appel. Celui d'un jugement arbitral sur contestation entre associés se porte à la cour d'appel, 52. — Le tuteur ne peut renoncer à la faculté d'interjeter cet appel, 63. — Appel des jugemens correctionnels en matière de banqueroute simple, 591. — A quelle cour l'appel des jugemens des tribunaux de commerce

est porté, et délai pour l'interjeter, 644 et 645. — Procédure à ce sujet, 648.

Apposition de scellés. Voyez *Scellés.*

Arbitres. Quelles contestations doivent être jugées par eux, 51. — Actes ou consentement par lesquels ils sont nommés, 53. — Nomination d'office en cas de refus, 55. — Remise des pièces sans formalités, 56. — Sommation en cas de refus, et prorogation de délai, 57 *et suiv.* — En cas de partage, on nomme un sur-arbitre, 60. — Motifs, dépôt et exécution du jugement, 61. Voyez *Appel.*

Argent. A qui remet-on celui du failli après la confection de l'inventaire, 491.

Armement. Au paiement de quels objets il est affecté, 320. Voyez *Prêt, Primes.*

Arrestation. Cas dans lesquels elle peut avoir lieu à bord d'un navire, 231.

Arrêté de compte. Voyez *Prescription.*

Arrêts. Ceux des cours de justice criminelle contre les banqueroutiers sont affichés, 599. — A qui sont adressés les arrêts de réhabilitation, 611.

Arrivée. Garantie du commissionnaire pour l'arrivée des marchandises, 97.

Assemblée de créanciers. Voyez *Créanciers.*

Associés. Il y a solidarité entre les associés en nom collectif, 22. — Définition des associations commerciales en participation, et manière de les constater, 48 et 49. — De quelles formalités la loi les dispense, 50. Voyez *Sociétés.*

Assurance. Plusieurs assurances peuvent être contenues dans la même police, 333. — Objets que l'assurance peut avoir, 334. — Règles diverses en matière d'assurances, 335 *et suiv.* — Obligations de l'assureur et de l'assuré, 349 *et suiv.* Voyez *Change, Contrat d'assurance, Courtiers, Délaissement, Primes, Réassurance, Risques.*

Assuré. Il peut faire assurer le coût de l'assurance, 342. — Lorsque l'assureur tombe en faillite avant la fin des risques, l'assuré peut demander caution ou la résiliation du contrat, 346. — L'assuré pour un temps limité peut, après l'expiration, faire assurer de nouveau, 363.

Assureurs. Vérification et estimation auxquelles ils peuvent faire procéder lorsqu'ils supposent des falsifications dans l'assurance,

336. — L'assureur peut faire réassurer les effets qu'il a assurés, 342. — Justifications que le capitaine est tenu de faire aux assureurs en cas de perte des marchandises assurées et chargées, 344. — Droit de l'assureur en cas de faillite de l'assuré avant la fin des risques, 346. — Indemnité de l'assureur en cas de rupture de voyage, 349. — Pertes et dommages qui sont à ses risques, 350. — Autres dont il est déchargé, 351 *et suiv.* — Cas où l'assureur ne reçoit qu'une partie de la prime convenue, 356 et 358. — Quels risques court l'assureur quand le capitaine a la liberté d'entrer dans différens ports pour compléter ou échanger son chargement, 362. — L'assureur est libre après l'expiration d'un temps limité, 363. — Il est déchargé quand l'assuré envoie le navire dans un lieu plus éloigné, 364. — Actions non recevables contre les assureurs, 435. Voyez *Avaries, Pertes.*

Attributions. Quelles sont celles des tribunaux de commerce, 631 *et suiv.* — Dans les lieux où il n'y en a pas, les tribunaux civils sont compétens, 640. — Pouvoirs des cours d'appel, 647.

Autorisation. Voyez *Aliénation, Commerce, Femmes, Mineurs émancipés.*

Aval. On garantit par un aval le paiement d'une lettre de change, 141. — Comment cette garantie est fournie, et solidarité du donneur d'aval, 142.

Avant-bassin. Voyez *Bassin.*

Avaries. Lesquelles sont à la charge des commissionnaires, 98; — des prêteurs à la grosse, 330; — des assureurs, 393. — Dépenses réputées avaries, 397. — Réglement des avaries, 398. — Celles qu'on nomme grosses, communes ou particulières, 400 à 403. — Leur paiement, 404. — Droits de navigation qu'on ne répute pas avaries, 406. — A la charge de qui sont les avaries causées par abordage, 407. — Avaries pour lesquelles il n'y aurait pas lieu à demande en justice, 408. — Circonstance dans laquelle les assureurs ne sont pas affranchis par la clause *franc d'avaries*, 409.

Avis. Voyez *Délaissement, Jet, Saisie.*

Avitaillemens. Voyez *Victuailles.*

Avoués. Ils ne peuvent exercer leur ministère dans les tribunaux de commerce, 627.

Ayant-cause. Dispositions qui leur sont communes avec les associés, 62. Voyez *Prescription.*

B

Balise. Les droits de balise, &c. ne sont pas des avaries, 406.

Banque. Il est défendu aux agens de change et aux courtiers de faire des opérations de banque pour leur compte, 85.

Banqueroute. Précaution que celui qui se fait commerçant après avoir été marié sous le régime dotal, ou séparé de biens, doit avoir, pour n'être pas, en cas de faillite, réputé banqueroutier frauduleux, 69. — Ce qui constitue un commerçant en état de banqueroute, 438. — Circonstances dans lesquelles les créanciers d'un failli sont assimilés aux banqueroutiers frauduleux, 479. — Autres circonstances qui mettent le failli en prévention de banqueroute, 526 et 531. — On n'admet pas les banqueroutiers frauduleux au bénéfice de cession, 575. — Cas dans lesquels les commerçans faillis sont déclarés banqueroutiers simples, 586 et 587. — Quels tribunaux connaissent des banqueroutes simple et frauduleuse, 588 et 595. — Par qui les frais de poursuite sont supportés, 589 et 590. — Les procureurs impériaux doivent interjeter appel des jugemens lorsqu'il y a prévention de banqueroute frauduleuse, 591. — Cas où les faillis sont réputés banqueroutiers frauduleux, 593 et 594. — Peine pour ce délit, 596. — Administration des biens en cas de banqueroute, 600. Voyez *Affiches, Complices, Réhabilitation.*

Baraterie de patron. L'assureur n'en est pas tenu, 353.

Barques. Voyez *Adjudication.*

Bassin. Le droit de bassin et avant-bassin est une dette privilégiée, 191 et 192.

Bateaux. Voyez *Voituriers.*

Bâtimens de mer. Ils sont meubles, 190. — Dettes auxquelles ils sont affectés, *ibid.* — Quand sont-ils censés prêts à faire voile, 215. Voyez *Navires, Saisie.*

Bénéfice de cession. Effet de la cession judiciaire des biens d'un failli, 568. — Demande pour obtenir le bénéfice de cession, 569. — Cette demande ne suspend pas l'effet des poursuites, 570. — Réitération de la demande par le failli, 572. — Insertion dans des tableaux à ce destinés, 573. — Vente des meubles et immeubles compris dans la cession, 574. — Les stellionataires, les banqueroutiers frauduleux, &c. ne sont pas admis au bénéfice de cession, 575.

Biens. Dans quelles circonstances peut-on aliéner les biens

dotaux, 7. — Comment s'administrent les biens en cas de banqueroute, 600 *et suiv.* Voyez *Aliénation*, *Cession*, *Engagemens*, *Hypothèque.*

Bijoux. Justification exigée de la femme d'un failli pour qu'elle puisse les reprendre, 554.

Bilan. Sa définition, 470. — A qui le failli le remet, *ibid.* — Ce qu'il doit contenir, 471. — Dans quels cas il est rédigé en présence des agens de la faillite, ou par eux-mêmes, 472 et 473. — Fonctions du juge-commissaire, 474. — Lorsque le mari est décédé, il peut être suppléé par sa veuve et ses enfans, 475. — Voies par lesquelles le juge-commissaire fait convoquer les créanciers, 476 et 477. — Vérification du bilan par les syndics définitifs, 528.

Billets à ordre. Dispositions relatives à ces billets, 187. — Leur forme, 188. — Compétence des tribunaux relativement à ces mêmes billets, 636 et 637.

Blanc. On n'en doit pas laisser dans les livres des commerçans, 10, — ni dans les contrats d'assurance, 332.

Blocus. Ce que doit faire le capitaine dans le cas de blocus du port pour lequel le navire est destiné, 279.

Bordereau. Les achats et ventes peuvent être constatés par un bordereau ou arrêté d'un agent de change ou d'un courtier, 109. — On doit, chaque semaine, remettre au juge-commissaire un bordereau qui constate la situation de la caisse de faillite, 497. — Bordereau pour les inscriptions hypothécaires sur les débiteurs, 499. — Autre pour l'inscription sur le failli, 500.

Bourses de commerce. Leur définition, 71. — Résultat des négociations et des transactions qu'on y fait, 72. — Des agens de change et des courtiers sont établis dans les villes où il y a bourse, 75. — Un failli ne peut se présenter à la bourse avant d'être réhabilité, 614.

Bris de navire. Voyez *Délaissement*, *Échouement*, *Naufrage.*

C

Cabotage. Disposition concernant la responsabilité du capitaine, qui n'est pas applicable au petit cabotage, 229.

Caisse d'amortissement. Circonstances dans lesquelles il y a lieu d'y verser des fonds de la caisse de faillite, 497. — Ordonnance nécessaire pour les en retirer, 498.

Caisse de faillite. Les fonds provenant du failli sont versés dans

une caisse à double clef, 465 et 496. Voyez *Bordereau*, *Scellés.*

Caissier. Celui que les créanciers unis nomment pour les recouvremens dans une faillite, 527. — Ce caissier doit avoir soin de relater les paiemens qu'il fait sur les titres, 561.

Cale. Voyez *Droits.*

Capitaine. Ses gages et loyers sont des dettes privilégiées, 191 et 192.—Quand ses fonctions cessent, 208.—Dans quels cas le capitaine congédié peut réclamer une indemnité, ou exiger son remboursement, 218 et 219. — Objets dont il est garant et responsable, 221 et 222.—Il peut former l'équipage du vaisseau, 223. —Registre qu'il doit tenir, 224. — Il est tenu de faire des visites avant de prendre charge, 225. — Actes et pièces qu'il doit avoir à son bord, 226. — Circonstances dans lesquelles il est tenu d'être en personne dans le navire, 227.—Contraventions et dommages qui donnent ouverture à la responsabilité, 228. — Obstacles de force majeure qui la font cesser, 230. — Seules dettes pour lesquelles on puisse arrêter le capitaine à bord, 231.—Ouvrages et achats pour lesquels il a besoin de l'autorisation des propriétaires, 232.—Cas où il peut faire des emprunts, 233 et 234.—Compte qu'il est tenu d'envoyer aux propriétaires avant son départ d'un port étranger pour revenir en France, 235.—Responsabilité du capitaine dans le cas d'emprunts ou ventes de marchandises faits sans nécessité, 236. — Circonstance dans laquelle le capitaine peut vendre le navire sans un pouvoir spécial du propriétaire, 237. — Il doit achever le voyage pour lequel il s'est engagé, 238. — Il ne peut faire un trafic particulier lorsqu'il navigue à profit commun, 239 et 240.—Conduite qu'il doit tenir dans le cas d'un danger de nature à faire abandonner le navire, 241.—Il doit faire viser son registre et présenter un rapport en arrivant, 242 et 243.—Lorsqu'il aborde dans un port étranger, il doit prendre un certificat du consul de France, 245. — Manière de se conduire en cas de naufrage, 246. — Seul cas où il puisse décharger des marchandises, 248. — Mesures à prendre lorsque les vivres manquent pendant le voyage, 249. — Cas dans lequel le capitaine peut se faire autoriser à vendre des marchandises pour le paiement de son fret, et son privilége à cet égard, 305 à 308. Voyez *Citation*, *Engagemens*, *Propriétaires*, *Responsabilité.*

Capital. Comment divise-t-on le capital d'une société anonyme, 34.

Cassation. Il y a lieu au pourvoi en cassation contre les jugemens arbitraux rendus sur contestations entre associés, 52.

Caution. A quoi est obligé celui qui a cautionné le tireur ou l'endosseur d'une lettre de change, 120. — Caution pour le paiement d'une lettre de change perdue, 151 et 152. — Par quel délai son engagement est éteint, 155. — Caution à fournir par le capitaine et les gens de l'équipage pour les dettes par eux contractées, 231. — La faillite d'assureurs ou d'assurés donne lieu à demander caution, 346. — Extinction de l'engagement contracté par la caution pour le paiement d'objets assurés et délaissés, 384. — Le failli peut obtenir sa mise en liberté avec sauf-conduit, lorsqu'il fournit caution de se représenter, 466. — Comment on comprend la caution d'un failli dans la masse des créances, 538.

Cédule. Voyez *Prescription.*

Cessation de paiement. Voyez *Déclaration.*

Cession. Celle d'une action établie sous la forme de titre au porteur, ou dont la propriété résulte d'une inscription sur les registres de la société, 35 et 36. — La cession de biens d'un failli est volontaire ou judiciaire, 566. Voyez *Bénéfice de cession.*

Chaloupes. Voyez *Adjudication.*

Change. Le cours du change des marchandises, des assurances, des effets publics, se détermine par les opérations de la bourse, 72 et 73.

Changement d'associés. Formalités relatives aux actes portant changement d'associés, 46.

Changement de route. A la charge de qui sont les dommages occasionnés par le changement de route ou de voyage d'un vaisseau, 350.

Chargement. Registre à tenir par le capitaine de tout ce qui est relatif au chargement d'un navire, 224. — Visite à faire avant de prendre charge, 225. — Usage observé pour le temps de charge et de décharge d'un navire, 274. — Objets auxquels le chargement est affecté par privilége, 320. — Comment se fait l'assurance d'un chargement des autres parties du monde pour l'Europe, 337. — Circonstance dans laquelle le chargement en retour n'a pas lieu, 356. — Règles pour le cas où le même chargement est assuré par plusieurs personnes, &c. 359 *et suiv.*

Chargeur. De quels frais il est tenu quand il y a interdiction de commerce avec le pays pour lequel le navire devait être expédié, 276. — Il peut faire décharger les marchandises pendant la durée de l'arrêt, 278. — Quand le chargeur est tenu de

fournir au capitaine les acquits des marchandises chargées, 282. — Portion de fret et frais de charge qu'il est obligé de payer lorsqu'il retire ses marchandises avant le départ du navire chargé à cueillette, &c. 291. — Le chargeur ne peut, en aucun cas, demander de diminution sur le prix du fret, 309. — Seul cas où il puisse abandonner les marchandises pour le prix du fret, 310.

Chartes-parties. Le capitaine doit les avoir à bord, 226. — Énonciations que doivent contenir les chartes-parties, affrétemens ou nolissemens, 273. — Principes sur cette matière, 274 *et suiv.* Voyez *Traduction.*

Chiffres. On ne doit point en mettre dans les livres des agens de change et courtiers, 84.

Citation. A qui les citations et significations sont faites pour la vente d'un navire, selon que le propriétaire est ou n'est pas domicilié dans l'arrondissement du tribunal, 201.

Clauses. Formalités prescrites pour les actes qui en contiennent de nouvelles dans une societé, 46.

Code de commerce. Époque fixée pour son exécution, *art. 1.er* de la loi qui est à la suite du Code.

Collocation. Celle qui a lieu entre les créanciers privilégiés sur le prix d'un navire, 214. — Collocation des créanciers hypothécaires en cas de faillite, 539 *et suiv.*

Collusion. Différentes sortes de collusions qui font réputer un failli banqueroutier frauduleux, 593.

Commandement. On ne peut procéder à la saisie d'un navire que vingt-quatre heures après le commandement de payer, 198. — Actions pour lesquelles le commandement doit être fait au capitaine ou au propriétaire du navire, 199.

Commanditaire. Nom sous lequel on désigne les associés en commandite, 23. — Le nom d'un associé commanditaire ne peut faire partie de la raison sociale, 25. — Jusqu'à quelle concurrence cet associé est passible des pertes, 26. — Il ne peut aucunement gérer les affaires de la société, 27 et 28. Voyez *Sociétés.*

Commerce. A quelles personnes appartient le titre de commerçans, 1. — Autorisation dont les mineurs émancipés ont besoin pour faire le commerce ou pour les faits relatifs au commerce, 3. — Obligations des commerçans, 8 *et suiv.* Voyez *Marchande publique.*

Commettant. Voyez *Commissionnaire, Recette.*

Commissaires. Voyez *Juges-commissaires.*

Commission rogatoire. Cas dans lequel les juges peuvent en adresser une au tribunal de commerce du lieu pour prendre connaissance des livres des négocians, 16.

Commissionnaire. Droits et devoirs de celui qui est ainsi qualifié, 91 et 92. — Il est privilégié pour le remboursement de ses avances et frais, 93 *et suiv.* — Livre-journal qu'il doit tenir, 96. — Il est garant de l'arrivée des marchandises, des avaries, &c. 97 *et suiv.* — Reçu qu'il doit donner des marchandises mentionnées dans le connaissement, 285.

Communication. Affaires dans lesquelles la communication judiciaire des livres et inventaires peut seulement être ordonnée, 14. — Pièces qui, pendant le cours de l'instruction d'un procès contre un prévenu de banqueroute, doivent être tenues en état de communication par la voie du greffe, 602.

Comparution. Effet du défaut de comparution des créanciers défaillans dans les délais fixés par le jugement du tribunal de commerce, 513.

Compensation. Voyez *Déchéance.*

Compétence. Celle des tribunaux de commerce, 631. — Leurs attributions conférées aux tribunaux civils dans les lieux où il n'y a pas de tribunaux de commerce, 640.

Complices. Cas dans lesquels la femme d'un failli peut être poursuivie comme complice de banqueroute frauduleuse, 555 et 556. — Par quels délits est encourue la peine de complicité de banqueroute frauduleuse, 597 *et suiv.* Voyez *Créanciers.*

Compromis. Les arbitres nomment eux-mêmes un sur-arbitre en cas de partage, s'il n'est nommé par le compromis, 60. Voyez *Arbitres.*

Comptables. Ils ne peuvent être admis au bénéfice de cession, 575, — ni à la réhabilitation, 612.

Compte. Celui que les agens d'une faillite doivent rendre aux syndics provisoires, 481.—Compte à rendre par ces derniers aux syndics définitifs, 527.

Compte de retour. Voyez *Retraite.*

Comptoir. Voyez *Scellés.*

Concordat. Formalité à remplir avant qu'il puisse être consenti de traité entre les créanciers délibérans et le débiteur failli, 519.

— Quels créanciers n'ont point de voix dans les délibérations relatives au concordat, 520. — Cas où il ne peut être fait aucun traité entre le failli et les créanciers, 521. — Dans quels cas les tribunaux de commerce connaissent des oppositions au concordat, 635. Voyez *Homologation*.

Conditions. Les agens de change et les courtiers doivent insérer dans leurs livres les conditions des ventes, achats, assurances, négociations, &c. 84.

Congés. Voyez *Droits*.

Connaissement. En quoi il consiste, 222. — Le capitaine du navire doit l'avoir à bord, 226. — Formalités particulières au connaissement, 281 *et suiv.* — Entre quelles personnes il fait foi, 283. — Les gens de l'équipage qui apportent des pays étrangers des marchandises assurées en France, sont tenus d'en laisser un connaissement entre les mains du consul de France ou d'un Français notable négociant, 345. — En cas de jet, les effets dont il n'existe point de connaissement ne sont pas payés, 420. Voyez *Consignataire*.

Consignataire. Celui à qui ont éte remises les marchandises mentionnées dans le connaissement, est tenu d'en donner reçu au capitaine, 285. — Lorsque le consignataire refuse de recevoir les marchandises, le capitaine peut se faire autoriser à en vendre pour le paiement de son fret, 305.

Consignation. Celle du prix de l'adjudication d'un navire doit se faire au greffe, 209. Voyez *Caisse d'amortissement*, *Revendication*.

Constructions. Lesquelles sont réputées actes de commerce, 633.

Consuls. Circonstances dans lesquelles les capitaines de navire doivent se présenter chez les consuls français en pays étranger, 234 et 244. Voyez *Connaissement*.

Contestations. Celles qui ont lieu entre associés doivent être jugées par arbitres, 51. — Contestations qui se portent au tribunal de commerce, 631.

Continuation de société. Voyez *Sociétés*.

Contrainte par corps. Le paiement du prix des navires peut être poursuivi par cette voie, 209. — L'exécution de cette contrainte est confiée, à Paris, à des gardes du commerce, 625.

Contrat. Entre qui la lettre de voiture forme un contrat, 101.

Contrat à la grosse. Comment il se fait, et ce qu'il doit énoncer, 311. — Enregistrement de ce contrat au tribunal de commerce,

312. — Comment se partage le produit des effets sauvés du naufrage lorsqu'il y a contrat à la grosse et assurance sur le même navire ou le même chargement, 331. — Délai pour la prescription des actions résultant d'un contrat à la grosse, 432. Voyez *Emprunt*, *Prêt à la grosse.*

Contrat d'assurance. Les courtiers peuvent le rédiger concurremment avec les notaires, 79. — Formalités qui lui sont particulières, 332. — Énonciations et conditions qu'il doit renfermer, *ibid.*—La même police peut contenir plusieurs assurances, 333. — Objet que peut avoir l'assurance, et temps pour lequel elle peut être faite, 334 et 335. — Ce que la police doit indiquer pour les chargemens faits d'une autre partie du monde pour l'Europe, 337. — Les stipulations en monnaie étrangère doivent contenir l'évaluation en monnaie de France, 338. — Comment la valeur des marchandises peut être justifiée lorsqu'elle n'est pas fixée par le contrat, 339. — De quelle manière se fait le réglement lorsqu'il s'agit d'un commerce par troc, 340, — et lorsque le temps des risques n'a pas été fixé, 341. — Causes qui rendent le contrat d'assurance nul, 347 à 349, 357 et 365. — La police d'assurance doit contenir la désignation des marchandises sujettes à détérioration ou diminution, 355.— Ce qui a lieu quand il existe plusieurs contrats d'assurance, 359. —Présomptions de perte ou d'arrivée d'un navire qui rendraient l'assurance nulle, 365 *et suiv.* Voyez *Assureurs.*

Contrat de mariage. On insère dans un tableau l'extrait de celui des commerçans, 67. — Principes concernant les avantages stipulés en faveur de la femme, 549. Voyez *Notaires*, *Séparation de biens.*

Contrat d'union. Circonstances dans lesquelles les créanciers en forment un, 527. — Le juge-commissaire expose aux créanciers les faits à la charge ou à la décharge du failli, 531.— L'union des créanciers est convoquée pour l'audition du compte des syndics, 562. — Elle peut être autorisée à traiter à forfait des droits et actions non recouvrés, 563.

Contraventions. Celles des agens de change et des courtiers qui entraînent la peine de destitution avec amende, 85 *et suiv.*

Contribution. Sur quels objets frappe celle qui a lieu pour racheter les marchandises prises par l'ennemi, 304. — De quelle manière s'établit la contribution pour marchandises jetées à la mer, 419 *et suiv.*

Convention. Le contrat de société se règle par les conventions des

parties, 18. — Principes sur les conventions pour louage d'un vaisseau, 273 *et suiv.* — Dans quel cas les conventions sont réputées actes de commerce, 633.

Convocation. Comment se fait celle des créanciers par le juge-commissaire, 476. — Convocation pour l'affirmation de leurs créances, 514. — Convocation de l'union des créanciers après la liquidation pour entendre le compte des syndics, 562.

Correspondance. Les associations en participation peuvent être constatées par la représentation de la correspondance, 49. — Il en est de même des achats et des ventes, 109.

Cote. Voyez *Paraphe.*

Coulage. La police d'assurance doit désigner les marchandises qui y sont sujettes, 355.

Coupons. Ceux des actions d'une société anonyme, 34.

Cours d'appel. Forme d'y procéder sur l'appel des jugemens rendus par les tribunaux de commerce, 645 *et suiv.*

Cours de justice criminelle. Les banqueroutes frauduleuses sont de leur compétence, 595. — Affiche de leurs arrêts et insertion dans les journaux, 599.

Cours du change. Voyez *Change.*

Courtiers. Leurs fonctions, 73. — Dans quelles villes il en existe, et par qui ils sont nommés, 75. — Différentes sortes de courtiers, et leurs attributions particulières, 77 *et suiv.* — Personnes qui ne peuvent être courtiers, 83. — Livre que les courtiers doivent tenir, 84. — De quelle manière ils sont poursuivis lorsqu'ils font faillite, 89.

Créances. Lesquelles sont privilégiées sur le produit des navires, 191 et 192. Voyez *Privilége, Vérification.*

Créanciers. Leur assemblée devant le juge-commissaire pour une faillite, 476 *et suiv.* — Peine contre eux lorsque leur titre a été concerté avec le failli, 479. — Liste par eux faite, et sur laquelle le tribunal de commerce choisit les syndics provisoires, 480. — Ils adressent au juge-commissaire les plaintes qu'ils peuvent avoir à former contre les syndics, 495. — Affirmation de leurs créances, 507. — Procédure d'instruction, 508 *et suiv.* — Concordat et son homologation, 519 *et suiv.* — Union des créanciers lorsqu'il n'intervient point de traité, 527. — Différentes espèces de créanciers, et leurs droits respectifs, 532 *et suiv.* — Répartition entre les créanciers, et liquidation du mobilier, 558 *et suiv.* — Droits des créanciers sur les marchandises revendiquées,

revendiquées, 582. — Cas dans lesquels les frais d'une poursuite intentée par un créancier sont supportés par lui ou par la masse, 590. — Les créanciers peuvent faire poursuivre à leur requête les banqueroutiers frauduleux, 595. — Cas où ils peuvent aussi s'opposer à la réhabilitation du failli, 608. Voyez *Actions, Collocation, Dettes, Gage, Ordre entre les créanciers, Privilége, Ventes.*

Criées. Nombre de celles qui ont lieu pour la vente de bâtimens de mer, et délai entre chacune, 202. — Désignations que les criées doivent contenir, 204. Voyez *Enchère, Saisie.*

Cueillette. Dénomination d'une espèce de chargement de navires, 291.

Cumul. Dans quel cas les fonctions d'agent de change et de courtier peuvent être cumulées, 81.

D

Date. Les livres de commerce doivent être tenus par ordre de dates, 10. — Il en est de même de ceux des agens de change et courtiers, 84. Voyez *Échéance.*

Débiteur. Serment qu'on peut exiger des prétendus débiteurs de lettres de change prescrites, 189. — L'ouverture d'une faillite est constatée par la retraite du débiteur, 441. — Actes que les agens et les syndics doivent faire pour conserver les droits du failli sur ses débiteurs, 499 et 500.

Décès. Lorsque le failli décède après l'ouverture de la faillite, il peut être suppléé, pour la formation du bilan, par sa veuve et ses enfans, 475.

Déchargement. Rapport qui doit précéder le déchargement d'un navire hors les cas de péril imminent, 248. Voyez *Chargement, Frais.*

Déchéance. Délais après lesquels le porteur et les endosseurs de lettres de change sont déchus du droit d'exercer l'action en garantie, 168 *et suiv.* — Paiemens par compensation qui font cesser les effets de la déchéance, 171.

Déchets. Ceux dont l'assureur n'est pas chargé, 352.

Déclaration. Quand l'assuré en a fait une fausse, les assurances sont nulles, 348. — Déclaration de l'assuré lorsqu'il fait un délaissement, 379 *et suiv.* — Délai dans lequel le failli doit faire sa déclaration, 440. — Le défaut de déclaration par le failli, ou le défaut d'indication des associés solidaires, sont des présomptions de banqueroute simple, 587. Voyez *Différence.*

Déclaration de guerre. A la charge de qui sont les pertes qu'elle peut causer, 350.

Délais. Ceux connus sous le nom de grâce, de faveur, &c. sont abrogés, 135. — Délais pour le paiement des lettres de change suivant les pays d'où on les a tirées, 160. — Délais pour les poursuites relatives aux lettres de change payables hors de France, mais en Europe, 166. — Délais pour le recours des porteurs et des endosseurs, 167 *et suiv.* — pour la production des titres des créanciers du failli, 502 et 511. Voyez *Pièces, Signification.*

Délaissement. Exposition des cas dans lesquels on peut délaisser les objets assurés, 369. — Le délaissement ne peut avoir lieu avant le voyage commencé, 370. — Il ne peut être partiel ni conditionnel, 372. — Délais pour le délaissement après la nouvelle de la perte du navire, ou à défaut de nouvelles, 373 *et suiv.* — L'assuré doit travailler au recouvrement des effets délaissés pour naufrage, 381. — Délais pour le paiement de l'assurance après la signification du délaissement, 382 *et suiv.* — Effets du délaissement accepté ou jugé valable, 385. — Le fret des marchandises assurées fait partie du délaissement du navire, 386. — Cas dans lequel on ne peut délaisser pour raison d'innavigabilité, 389. — Frais à la charge de l'assureur, 392 *et suiv.*

Délits. Jusqu'à quelle concurrence les propriétaires des navires équipés en guerre sont responsables des délits et déprédations commis en mer par les gens de guerre, 217.

Dépens. Ceux qu'encourraient les notaires et les huissiers qui n'observeraient point les formes prescrites pour les protêts, 176.

Dépenses. Quand celles faites pour le navire et les marchandises sont réputées avaries, 397, 400 et 403. — Celles que la loi ne range pas dans la même classe, 406. — Dépenses excessives de la maison du failli, qui peuvent le faire poursuivre comme banqueroutier simple, 586. — La supposition de dépenses donne lieu au même genre de poursuite, 593. Voyez *Tableau.*

Dépositaires. Dispositions auxquelles ils sont tenus de se conformer pour avoir privilége, 95. — Ils ne peuvent être admis au bénéfice de cession, 575. — Le failli qui a appliqué à son profit la valeur des objets dont il était dépositaire, est réputé banqueroutier frauduleux, 593. — Les dépositaires ne sont pas susceptibles de réhabilitation, 612. Voyez *Maison d'arrêt, Revendication.*

Déprédations. Voyez *Délits.*

Destitution. Contraventions pour lesquelles les courtiers et les agens de change encourent cette peine, 87. — Ils ne peuvent plus ensuite être réintégrés dans leurs fonctions, 88. — Inobservation des formes qui ferait encourir la destitution aux notaires et aux huissiers chargés de faire des protêts, 176.

Détérioration. On doit désigner dans les polices d'assurance les marchandises sujettes à se détériorer, 355. — Dans quel cas les détériorations peuvent autoriser à délaisser les objets assurés, 369.

Dettes. Tout commerçant doit inscrire ses dettes actives et passives sur son livre-journal, 8. — L'ouverture de la faillite rend exigibles les dettes passives non échues, 12. — Cas où l'associé commanditaire se trouve solidairement obligé au paiement des dettes de la société, 28. — Dettes privilégiées sur les bâtimens de mer, et ordre de ces dettes, 191. — Manière dont elles doivent être constatées, 192. — Les sommes payées dans les dix jours qui précèdent l'ouverture de la faillite, pour dettes commerciales non échues, doivent être rapportées, 446. — Le bilan doit contenir l'état des dettes actives et passives, 471. — Les syndics sont autorisés à retirer les gages au profit de la faillite, en remboursant la dette, 536. Voyez *Arrestation, Distractions frauduleuses, Inventaire, Navires, Privilége, Recouvrement.*

Diamans. Cas où la femme d'un failli peut les reprendre, 554.

Différence. Les réticences et les fausses déclarations de la part de l'assuré, et toute différence entre le contrat d'assurance et le connaissement, annullent l'assurance, 348.

Diligences. Voyez *Voituriers.*

Diminution. Le chargeur ne peut jamais demander de diminution sur le prix du fret, 310. — Diminutions dont l'assureur n'est pas chargé, 352. — La police d'assurance doit désigner les marchandises sujettes à diminution, 355.

Dissolution de société. Voyez *Sociétés.*

Distraction. Règles sur les demandes en distraction, 210 *et suiv.*

Distractions frauduleuses. Celles qui font réputer un failli banqueroutier frauduleux, 593.

Distribution. Voyez *Collocation, Créanciers, Frais.*

Divorce. Formalités prescrites pour les jugemens prononçant un divorce entre mari et femme dont l'un serait commerçant, 66.

Domicile. De quelles personnes on doit indiquer le domicile dans

les lettres de voiture, 102. — Dans le cas de faillite d'une société en nom collectif, la déclaration du failli doit indiquer le domicile de chacun des associés solidaires, 440.

Dommages. Lesquels sont aux risques des assureurs, 350. — Dommages à classer dans les avaries communes ou particulières, 400 et 403. — Par qui sont supportés ceux qui arrivent par la faute du capitaine, 405, — et ceux que cause l'abordage, 406. — Où, à la diligence de qui, et comment se fait l'état des pertes et des dommages, 414. — Pour quels dommages les actions ne sont pas recevables, 435. Voyez *Avaries.*

Dommages-intérêts. Les notaires et les huissiers en seraient passibles pour défaut d'observation des formalités prescrites relativement aux protêts, 176. — Quels dommages-intérêts dus aux affréteurs sont rangés parmi les dettes privilégiées, 191. — Manière de les constater, 192. — Ceux qui sont encourus par le commissionnaire ou le consignataire pour refus de donner au capitaine un reçu des marchandises mentionnées dans les connaissemens, 285. — Dommages-intérêts dont le capitaine peut être tenu pour fausse déclaration de tonnage et pour retardement dans le départ du navire, 289, 295 et 297. — Ceux auxquels les complices des banqueroutiers frauduleux doivent être condamnés envers la masse des créanciers, 598. Voyez *Folle enchère.*

Donations. Le failli qui a fait des donations supposées, est réputé banqueroutier frauduleux, 593.

Dot. Voyez *Régime dotal.*

Droits. Ceux qui sont privilégiés, 191. — Justifications nécessaires pour l'exercice de ce privilége, 192. — Droits dont l'assureur n'est pas tenu, 354. — Autres qui ne sont pas avaries, mais de simples frais à la charge du navire, 406.

Droits et actions. Comment les droits et actions des femmes sont-ils réglés en cas de faillite, 544 *et suiv.*

E

Échéance. Délais dans lesquels peut être tirée une lettre de change, 129. — Époque de paiement pour les lettres de change à vue, à un ou plusieurs jours, mois ou usances de vue, 130 et 131. — Échéance d'une lettre de change payable en foire ou à un jour férié légal, 133 et 134. — Abrogation des délais de

grâce, de faveur, d'usage ou d'habitude locale, 135. Voyez *Paiement.*

Échouement. Les pertes et dommages causés par l'échouement sont à la charge des assureurs, 350. — On peut délaisser les objets assurés, en cas d'échouement avec bris, 369.

Écritures simulées. Elles font réputer un failli banqueroutier frauduleux, 593.

Écrou. Circonstance dans laquelle le failli ne peut être écroué ni recommandé en vertu d'un jugement du tribunal de commerce, 455.

Effets chargés. Voyez *Jet.*

Effets de commerce. Les acceptations ou endossemens d'effets doivent être inscrits sur le livre-journal des commerçans, 8. — Effets du porte-feuille qui sont extraits des scellés et remis aux agens d'une faillite, 463.

Effets du failli. Le bilan doit contenir l'énumération et l'évaluation des effets mobiliers et immobiliers du débiteur, 471. — Ses effets doivent être remis, après la clôture de l'inventaire, aux syndics provisoires, 491. Voyez *Distractions frauduleuses, Inventaire, Scellés, Ventes.*

Effets publics. Des réglemens particuliers d'administration pourvoiront à ce qui est relatif à la négociation et transmission de propriété de ces effets, 90. Voyez *Change.*

Élection. Comment on procède à celle des membres des tribunaux de commerce, 621 *et suiv.*

Émancipation. Conditions sans lesquelles les mineurs émancipés ne peuvent contracter des engagemens de commerce, 2 et 3. Voyez *Mineurs.*

Empêchemens. Ceux qui autorisent le failli à comparaître par fondé de pouvoir, pour arrêter ses livres en présence des agens, 468.

Emprisonnement. Celui que les tribunaux de police correctionnelle peuvent prononcer, en déclarant qu'il y a banqueroute simple, 592.

Emprunt. La loi prohibe les emprunts sur le fret à faire d'un navire, et sur le profit espéré des marchandises, 318. — Cas dans lesquels des emprunts peuvent faire réputer le failli banqueroutier simple, 586. — Quels emprunts sont réputés actes de commerce, 633. Voyez *Prêt.*

Emprunt à la grosse. Sur quoi cet emprunt peut être affecté, 315. — Cas où l'on peut faire déclarer cet emprunt nul, 316.

— Emprunts prohibés, 318. — Préférence donnée pour le remboursement aux emprunts faits pour le dernier voyage et pendant le voyage, 323. — Valeur à laquelle se trouve réduit, en cas de naufrage, le paiement des sommes empruntées à la grosse, 327. — Conditions prescrites pour la libération de l'emprunteur à la grosse par la perte du navire et du chargement, 329. Voyez *Contrat à la grosse, Prêt à la grosse.*

Enchère. Quand sont reçues les enchères pour vente de bâtimens de mer, 205. — Les syndics provisoires peuvent faire procéder, par la voie des enchères publiques, à la vente des effets et marchandises d'un failli, 492.

Endossement. Quelles sont les obligations que contractent les endosseurs de lettres de change, 118. — Effet de l'endossement et sa forme, 136 et 137. — Cas où il n'opère pas le transport et n'est considéré que comme une simple procuration, 138. — Les ordres ne peuvent être antidatés, 139. — Obligations des endosseurs à l'égard du propriétaire d'une lettre de change égarée, qui veut s'en procurer une seconde, 154. — Chacun des endosseurs d'une lettre de change protestée faute de paiement peut exercer son action en garantie contre le tireur et les endosseurs qui le précèdent, 164. — Certificat dont la retraite faite sur l'un des endosseurs doit être accompagnée, 181. Voyez *Effets de commerce, Garantie, Provision.*

Engagemens. Autorisation dont les mineurs émancipés ont besoin pour en contracter, 2. — Faculté que leur donne à cet égard l'autorisation, 6. — Engagemens que peuvent contracter les femmes marchandes publiques, 7. — Comment se constatent les conditions de l'engagement du capitaine et des hommes de l'équipage, 250. — Cas où les gens de l'équipage ont part aux indemnités qui sont adjugées au navire, 257. — Quels engagemens sont réputés actes de commerce, 633.

Enquête. Cas dans lequel on y procède pour obtenir des renseignemens en matière de faillite, 509.

Entrepreneurs de diligences. Voyez *Voituriers.*

Entreprises commerciales. Les agens de change et les courtiers ne peuvent s'y intéresser d'aucune manière, 85. — Quelles entreprises sont réputées actes de commerce, 632 *et suiv.*

Entretien. Les frais d'entretien du bâtiment et de ses agrès et apparaux, depuis son dernier voyage et son entrée dans le port, sont des dettes privilégiées, 191.

Équipage. Le capitaine a le droit de former celui du vaisseau, 223. — Il doit en avoir le rôle à bord, 226. — Les dispositions relatives aux loyers, pansement et rachat des matelots, sont communes aux autres gens de l'équipage, 272. — Dans quel cas l'équipage a un privilége sur les marchandises ou le prix en provenant, 428. Voyez *Engagemens, Prêt à la grosse.*

Équipement. Voyez *Prêt, Primes.*

Escroquerie. Voyez *Vol.*

Étrangers. La loi ne les admet pas au bénéfice de cession, 575. Voyez *Truchement.*

Évocation. Actions civiles qui, dans les cas de banqueroute simple, ne sont pas susceptibles d'être évoquées ni attribuées aux tribunaux de police correctionnelle, ni aux cours de justice criminelle, 600.

Expéditions. Lesquelles sont réputées actes de commerce, 633.

Experts. Il en est nommé pour procéder à l'état des pertes et dommages lorsqu'on a été obligé de jeter en mer une partie du chargement d'un navire, 414. — Répartition de ces pertes et dommages, 416.

Expropriation. Par qui doit être poursuivie celle des immeubles du failli, 532.

Extraits. Ceux des actes de société en nom collectif et en commandite doivent être transcrits au greffe du tribunal de commerce, 42. — Ce que doivent contenir ceux des actes de société en nom collectif et en commandite, 43. — Par qui ils doivent être signés, 44. — Ce que doit annoncer l'extrait, destiné à être affiché, du contrat de mariage entre époux dont l'un serait commerçant, 67. Voyez *Séparation de biens, Sociétés.*

F

Facture. Son acceptation constate les ventes et les achats, 109. — On peut justifier la valeur des marchandises par les factures lorsqu'il n'y a point de fixation au contrat, 339.

Failli. Déclaration qu'il est tenu de faire au greffe du tribunal de commerce quand il cesse ses paiemens, 440. — Il est dessaisi de l'administration de ses biens, 442. — Époque pendant laquelle on ne peut obtenir ni privilége ni hypothèque sur les biens du failli, 443. — Les actes par lesquels il se serait dépouillé,

à titre gratuit, d'une propriété immobilière, seraient nuls, 444. — Autres actes qui ne peuvent avoir lieu dans le même temps, 445 *et suiv.* — Dépôt de la personne du failli dans une maison d'arrêt, 455. — Le jugement rendu dans cette circonstance est exécutoire par provision, 457. — Le juge-commissaire, en faisant son rapport sur l'état des affaires du failli, peut proposer sa mise en liberté avec sauf-conduit, 466. — Appel du failli à la levée des scellés et à l'inventaire, 487. — Il est également appelé à l'assemblée des créanciers lorsqu'il est porteur d'un sauf-conduit, 516. — Le failli se trouve en prévention de banqueroute lorsque le concordat n'a pas été homologué, 526. — Quand on est sur le point de procéder à la vente des meubles et effets d'un failli, il lui en est laissé et à sa famille, 529. — Circonstance qui permet au failli la demande d'un secours, 530. — Le failli se trouve en prévention de banqueroute lorsque ce secours est refusé, 531. — Avant d'avoir été réhabilité, le commerçant qui a failli n'est pas reçu à la bourse, 614. Voyez *Bénéfice de cession*, *Bilan*, *Faillite.*

Faillite. Dans quel cas un commerçant est en état de faillite, 437. — Ouverture de la faillite, 440 *et suiv.* — Apposition des scellés, 449 *et suiv.* — Nomination du juge-commissaire et des agens de la faillite, 454 *et suiv.* — Fonctions préalables des agens, 462 *et suiv.* — Bilan, 470 *et suiv.* — Nomination des syndics provisoires, 476 *et suiv.* — Quand cessent les fonctions des agens, et indemnités à eux attribuées, 481 *et suiv.* — Levée des scellés, et inventaire, 486 *et suiv.* — Vente des marchandises, et recouvremens, 491 *et suiv.* — Actes conservatoires, 499 *et suiv.* — Vérification des créances, 501 *et suiv.* — Assemblée convoquée par les syndics définitifs des créanciers dont les créances sont vérifiées et affirmées, 514 *et suiv.* — Concordat, 519 *et suiv.* — Union des créanciers, 527 *et suiv.* — Dispositions générales qui les concernent, 532 *et suiv.* — Droits des créanciers hypothécaires, 539 *et suiv.* — Droits des femmes, 544 *et suiv.* — Répartition entre les créanciers, et liquidation du mobilier, 558 *et suiv.* — Mode de vente des immeubles du failli, 564 *et suiv.* — Cession de biens, 566 *et suiv.* — Revendication, 576 *et suiv.* Voyez *Banqueroute.*

Faute. Les négocians qui se trouvent dans l'un des cas de faute grave prévus par le Code, sont réputés en état de banqueroute, 438.

Faveur. Voyez *Abrogation.*

Femmes. Le consentement du mari est nécessaire à la femme qui

veut être marchande publique, 4. — Effets des obligations contractées par la femme pour son négoce, 5. — Cas dans lequel elle n'est pas réputée marchande publique, *ibid.* — Comment doivent se régler, en cas de faillite, les droits et actions des femmes acquis depuis la publication du Code, 544 *et suiv.* Voyez *Aliénation, Engagemens, Filles, Hypothèque.*

Férie. Voyez *Jours fériés.*

Feu. Les pertes et dommages causés par le feu sont à la charge des assureurs, 350.

Filles. La signature sur une lettre de change, des filles qui ne sont point marchandes publiques, ne vaut que comme simple promesse, 113.

Fins de non-recevoir. Diverses actions qui ne seraient pas recevables, 435.

Foire. Quel est le jour d'échéance d'une lettre de change payable en foire, 133.

Folle enchère. A défaut de paiement, les navires adjugés sont revendus à la folle enchère, 209.

Fondé de procuration. Il peut représenter un failli en assistant à la clôture de ses livres faite par les agens de la faillite, 468. — Les créanciers du failli peuvent aussi faire présenter leurs titres par cette voie, 502. — Vérification des pouvoirs dans l'assemblée des créanciers, 517.

Force majeure. Celle qui décharge de leur garantie les commissionnaires et les voituriers, 97, 98, 103, 104.

Forfait. L'union des créanciers peut traiter à forfait des droits et actions dont le recouvrement n'a pas été opéré, 563.

Formalités. Celles prescrites pour les actes desquels il résulte continuation, dissolution ou changement d'une société, 46.

Fortune de mer. A la charge de qui sont les dommages et les pertes qui en peuvent résulter, 350.

Fournitures. Il y a privilége pour celles relatives à la construction et à l'armement d'un navire, 191. — Délai pour la prescription des actions en paiement de ces fournitures, 433.

Frais. Les frais de justice et autres, faits pour parvenir à la vente et à la distribution du prix des navires, sont au nombre des dettes privilégiées, 191. — Il en est de même des frais de garde, d'entretien, agrès et apparaux du bâtiment, *ibid.* — Comment les frais de justice ci-dessus désignés doivent être constatés, 192. — Circonstances dans lesquelles l'assureur est

tenu des frais de magasinage et de rembarquement, 393. — Frais à classer dans les avaries communes ou particulières, 400 et 403. — Droits qui ne sont pas considérés comme avaries, mais comme de simples frais à la charge du navire, 406. — Quels frais et dépenses sont distraits des fonds à répartir aux créanciers d'un failli, 558. — Par qui sont supportés les frais de poursuite en banqueroute simple, 589 Voyez *Dépens, Dépenses, Folle enchère.*

Francisation. Le capitaine d'un navire doit avoir à bord l'acte de francisation, 226.

Fraude. Les commerçans qui se trouvent dans l'un des cas de fraude prévus par le Code sont en état de banqueroute, 438. — Les actes ou paiemens faits en fraude des créanciers sont nuls, 447.

Fret. Quels courtiers ont le droit de constater le cours du fret ou du nolis, 80. — Les gens de l'équipage autorisés à charger des marchandises pour leur compte, en doivent payer le fret, 251. — Il est spécialement affecté au loyer des matelots et à l'exécution des conventions des parties, 271 et 280. — De quel jour court le fret d'un navire, 275. — Ce qu'on entend par fret ou nolis, 286. — Comment il est réglé et constaté, *ibid.* — Modifications dont il peut être susceptible, 287 et 288. — Comment le fret est dû dans le cas de nécessité de radoub du navire pendant le voyage, 296. — Cas où le capitaine perd son fret, 297. — Marchandises vendues par nécessité et pour lesquelles le fret est dû, 298. — Principes sur le fret en cas d'interdiction de commerce, d'arrestation du navire, de marchandises jetées à la mer, perdues par naufrage, ou pillées, 299 *et suiv.* — Le chargeur ne peut demander de diminution sur le prix du fret, 309. — Seul cas où il puisse abandonner, pour le fret, des marchandises détériorées, 310. — L'assureur est tenu de l'excédant du fret occasionné par le déchargement du navire en cas d'innavigabilité, 393. — Délai par lequel se prescrit l'action en paiement pour fret de navire, 433. Voyez *Change, Chargement, Délaissement.*

G

Gage. La vente volontaire d'un navire en voyage n'empêche pas que le navire ou son prix ne continue d'être le gage des créanciers, 196. — Les créanciers du failli nantis de gages ne sont inscrits que pour mémoire, 535. — Comment les syndics peuvent retirer les gages au profit de la faillite, 536. — Ce qui a lieu dans le cas où les gages ne sont pas retirés, 537.

Gages. Ceux du gardien et les frais de garde du bâtiment sont des dettes privilégiées, 191. — Il en est de même des gages et loyers du capitaine et autres gens de l'équipage employés au dernier voyage, *ibid.* — Rôles par lesquels ils doivent être constatés, 192. — Prescription de l'action en paiement des gages et loyers de l'équipage, 433.

Garantie. Les agens de change et les courtiers ne peuvent se rendre garans de l'exécution des marchés dans lesquels ils s'entremettent, 86. — Garantie à la charge des commissionnaires pour le transport par terre et par eau, 97 *et suiv.* — à la charge des voituriers, 103. — Délais après lesquels le porteur et les endosseurs des lettres de change ne peuvent plus se pourvoir en garantie, 168 *et suiv.* Voyez *Aval, Porteur, Solidarité.*

Gardes du commerce. Leur établissement pour Paris, 625. — Leurs fonctions, *ibid.*

Gardiens. Voyez *Gages, Saisie.*

Gendarme. Le tribunal de commerce peut ordonner la garde du failli par un gendarme, 455.

Gens de mer. On ne peut leur faire de prêt à la grosse sur leurs loyers ou voyages, 319. Voyez *Engagemens, Équipage.*

Gouvernement. Son autorisation est nécessaire pour l'existence de la société anonyme, 37. — En quel lieu et combien de temps cette autorisation doit être affichée, 45.

Grâce. Voyez *Abrogation, Délais.*

Grand-Juge. Les tribunaux de commerce sont sous sa surveillance et dans ses attributions, 630.

Greffier. Le Gouvernement en nomme un près de chaque tribunal de commerce, 624. — Comment ses droits et vacations sont fixés, *ibid.*

Grosse. Voyez *Contrat à la grosse.*

H

Hardes. Celles des gens de l'équipage ne contribuent point au jet, 419.

Hasard. Voyez *Jeu.*

Héritiers. Dispositions qui sont communes à ceux des associés, 62. Voyez *Prescription.*

Homologation. Délai pour celle du concordat passé entre le failli et les créanciers, 524. — Effets de l'homologation, *ibid.*

— Les syndics provisoires sont tenus de faire inscrire le jugement d'homologation aux hypothèques, 524. — Ils rendent leur compte définitif au failli après la signification de l'homologation, 525. — Causes pour lesquelles l'homologation peut être refusée, 526. — Si le tribunal l'accorde, il déclare le failli excusable et susceptible d'être réhabilité, *ibid.*

Huissiers. Ils doivent se faire accompagner de deux témoins pour les protêts faute d'acceptation ou de paiement, 173. — Formalités qu'ils doivent observer, à peine de destitution, dépens, dommages et intérêts, 176. — Par qui sont nommés ceux des tribunaux de commerce, 624. — Leurs droits et vacations, *ibid.*

Hypothèque. Autorisation nécessaire aux mineurs marchands et aux femmes marchandes publiques pour hypothéquer leurs immeubles, 6 et 7. — On ne peut acquérir hypothèque sur les biens du failli dans les dix jours qui précèdent l'ouverture de la faillite, 443. Voyez *Inscription.*

I

Immeubles. Voyez *Aliénation, Engagemens, Hypothèque, Ventes.*

Indemnité. La lettre de voiture doit énoncer l'indemnité due pour cause de retard, 102. — Indemnité à laquelle ont droit les matelots en cas de rupture du voyage pour lequel ils ont été loués, 252. — Principes sur l'indemnité dans le cas où le matelot est pris dans le navire et fait esclave, et lorsqu'il est congédié, 267 *et suiv.* Voyez *Agens d'une faillite, Capitaine.*

Innavigabilité. Les objets assurés peuvent être délaissés en cas d'innavigabilité par fortune de mer, 369. — Condition nécessaire pour que le délaissement puisse être fait à ce titre, 389. — Notification de l'innavigabilité que l'assuré est tenu de faire, 390. — Diligences à faire, dans ce cas, par le capitaine, pour se procurer un autre navire, 391.

Inscription. Les agens et les syndics d'une faillite sont tenus de requérir l'inscription aux hypothèques sur les immeubles du débiteur du failli, 499. — Inscription qu'ils doivent prendre, au nom de la masse des créanciers, sur les immeubles du failli, 500.

Instruction. Celle qui a lieu devant les tribunaux de commerce, 627, 642 *et suiv.* — et, à leur défaut, devant les tribunaux civils, 641.

Interdiction de commerce. Lorsqu'avant le départ d'un navire il y a interdiction de commerce avec le pays pour lequel il est destiné, les conventions se trouvent résolues, 276.

Intérêt. De quel jour est dû l'intérêt du principal de la lettre de change protestée faute de paiement, 184; — celui des frais de protêt, rechange, &c. 185. — Dépôt de fonds de la caisse de faillite dans celle d'amortissement pour faire courir les intérêts, 497.

Interlignes. Il ne doit point y en avoir dans les livres des agens de change et courtiers, 84. Voyez *Surcharges.*

Interpellation judiciaire. Voyez *Prescription.*

Interprète. Il y a des courtiers interprètes, 77 et 80. Voyez *Truchement.*

Intervention. Voyez *Acceptation, Paiement.*

Inventaire. Les commerçans sont tenus de faire, tous les ans, celui de leurs effets et de leurs dettes, 9. — Livre des inventaires, 10 et 11. — Inventaire des biens d'un failli à la requête des syndics provisoires, 486. — Les meubles et effets du débiteur sont remis à ces syndics, qui s'en chargent au pied de l'inventaire, 491. Voyez *Communication.*

J

Jet. Les pertes et dommages résultant du jet d'une partie des marchandises à la mer, sont à la charge des assureurs, 350. — Avis d'après lequel le capitaine d'un navire peut se déterminer à faire ce jet, 410. — Choix qui a lieu, à cet effet, parmi les objets chargés, 411. — Ce que doit contenir la délibération prise en cette circonstance, et sa transcription sur le registre, 412. — Affirmation de cette délibération, 413. — État des pertes, 414. — Estimation des marchandises jetées, 415. — Répartition des pertes et dommages, 416 *et suiv.* — Objets qui ne contribuent point au jet, 419. — Effets qui ne sont pas payés s'ils sont jetés, 420. — Ce qui a lieu relativement aux effets chargés sur le tillac, 421. — Règles sur les cas où la contribution a ou n'a pas lieu, 422 *et suiv.* — Cas où il y a lieu au rapport de ce que le capitaine et les intéressés ont reçu dans la contribution, 429.

Jeu. Le commerçant failli peut être poursuivi lorsqu'il est reconnu qu'il a consommé de fortes sommes au jeu ou à des opérations de pur hasard, 586.

Journal. Voyez *Livre-journal.*

Journaux. On y insère les demandes en cession de biens, 569; — les jugemens rendus contre les banqueroutiers simples, 592; — les arrêts des cours de justice criminelle contre les banque-

routiers frauduleux, 599 ; — les demandes en réhabilitation, 608. Voyez *Saisie*.

Jours fériés. A quelle époque est payable une lettre de change qui échoit un jour férié légal, 134. — Quand le jour où le protêt d'une lettre de change doit être fait est un jour férié légal, cette formalité est remplie le lendemain, 162.

Jugement. Celui du tribunal de commerce, qui ordonne l'apposition des scellés chez un failli, 449. — Le même jugement déclare l'époque de l'ouverture de la faillite, y nomme un commissaire et des agens, et ordonne l'arrestation ou la garde du failli, 454 et 455. — Il est affiché, inséré par extrait dans les journaux, et exécutoire par provision, 456 et 457. — Par combien de juges sont rendus les jugemens des tribunaux de commerce, 626. — Compétence, 631 *et suiv.* — Affaires que ces tribunaux jugent en dernier ressort, 639. — Où l'appel est porté dans les autres cas, 644.

Jugement arbitral. Il est susceptible d'appel, ou de pourvoi en cassation, si l'on n'y a renoncé par le compromis, 52. — Fixation du délai pour le jugement, 54. — Règles concernant les motifs, le dépôt et l'exécution de ce jugement, 61. Voyez *Arbitres.*

Juges. Les livres des commerçans doivent être paraphés par les juges des tribunaux de commerce ou par les maires, 11. — Les juges peuvent régler le délai que les parties n'ont pas fixé pour le jugement arbitral, 54. — Ils n'ont pas le droit d'accorder des délais pour le paiement des lettres de change, 157.

Juges-commissaires. Nomination de ceux que le tribunal de commerce désigne parmi ses membres pour suivre les affaires de faillite, 454. — Fonctions de ces commissaires, 458, 463 à 469, 474, 476 à 482, 490, 492, 495, 496, 498, 501, 505, 507 à 511, 515, 518, 521, 528 à 531, 533, 559, 560, 562, 564, 585. — Époque à laquelle cessent les fonctions des juges-commissaires, 525.

Juges de paix. Lorsqu'il s'agit d'examiner des livres qui sont dans des lieux éloignés du tribunal de commerce, le juge de paix peut être délégué, 16. — Cas dans lequel le rapport d'un capitaine de navire se fait devant le juge de paix de l'arrondissement, 243 et 245. — On doit adresser au juge de paix expédition du jugement qui ordonne l'apposition des scellés sur les meubles et effets du failli, 449. — Le juge de paix peut, sur la notoriété publique, apposer les scellés, 450. — Il doit adresser le procès-verbal de l'apposition au tribunal de commerce, 453.

— Ce procès-verbal doit constater l'état des livres du failli, que le juge de paix remet aux agens, ainsi que les effets du portefeuille à courte échéance ou susceptibles d'acceptation, 463. — Le juge de paix doit assister à l'inventaire des biens du failli, et le signer à chaque vacation, 486.

Juges des tribunaux de commerce. Leur nombre et celui des suppléans, 617. — Mode d'élection, 618 et 621. — Intervalle pour la réélection, 623. — Les juges n'ont pas de traitement, 628. — Serment qu'ils prêtent, 629.

Juridiction commerciale. Voyez *Tribunaux de commerce.*

L

Lacunes. Il ne doit point y en avoir dans les livres des commerçans, 10.

Lamanage. Voyez *Droits.*

Lettre de change. Sa forme, 110. — Sur qui et comment elle peut être tirée, 111. — Dans quel cas elle est réputée simple promesse, 112. — Quelle valeur a la signature des femmes et des filles non marchandes publiques sur les lettres de change, 113. — Nullité de celles qui ont été souscrites par des mineurs non négocians, 114. — Provision, 115 *et suiv.* — Acceptation, 118 *et suiv.* — Acceptation par intervention, 126 *et suiv.* — Echéance, 129 *et suiv.* — Endossement, 136 *et suiv.* — Solidarité, 140. — Aval, 141. — Paiement, 143 *et suiv.* — Mesures à prendre pour être payé d'une lettre de change perdue, 149 *et suiv.* — Paiement par intervention, 158 *et suiv.* — Droits et devoirs du porteur, 160 *et suiv.* — Protêt, 173 *et suiv.* — Rechange, 177 *et suiv.* — Prescription, 189. — Compétence des tribunaux de commerce ou d'arrondissement relativement aux lettres de change, 636 et 637. Voyez *Acceptation, Provision.*

Lettre de voiture. Contrat qu'elle forme, 101. — Sa rédaction, 102. — Sa transcription sur un registre, *ibid.*

Lettres missives. Liasses et copies qui doivent en être faites, 8. — Les lettres adressées au failli sont remises aux agens, 463.

Liberté. Le juge-commissaire peut, après l'apposition des scellés, proposer la mise en liberté pure et simple du failli, ou avec sauf-conduit de sa personne, 466.

Licitation. Dans quel cas celle d'un navire peut être accordée, 220.

Liquidation. Celle du mobilier d'un failli, 558 *et suiv.*

Livre des inventaires. Sa destination, 9. — Son paraphe, &c. 10.

Livre-journal. Le commerçant doit y inscrire, mois par mois, les dépenses de sa maison, 8, 586.

Livres de commerce. Tenue de ceux que doivent avoir les commerçans, 8 et 9. — Dans quels cas la représentation en justice en peut être ordonnée, 14 et 15. — Commission pour leur vérification quand ils sont dans un lieu éloigné, 16. — Serment qui peut être déféré en cas de refus de représentation, 17. — Les livres du failli sont extraits des scellés, et remis aux agens, 463. — Les agens appellent le failli qui a obtenu un sauf-conduit, pour clore et arrêter ses livres, 468. — Communication de ces livres aux agens pour la rédaction du bilan, 472. — Irrégularité des livres ou défaut de présentation qui fait réputer le failli banqueroutier simple, 587. — Le failli qui a caché ses livres, ou n'en a pas tenu, ou dont les livres ne présentent pas sa vraie situation, est réputé banqueroutier frauduleux, 593 et 594. Voyez *Paraphe, Scellés, Visa.*

Livres des agens de change. Forme prescrite pour la tenue de ces livres, 84.

Lois anciennes. Voyez *Abrogation.*

Loyers. Les loyers des magasins où se trouvent déposés les agrès et les apparaux, sont des dettes privilégiées, 191. — Rôles par lesquels ils doivent être constatés, 192. — Principes sur le loyer des matelots, 252 *et suiv.* — Les dispositions concernant les loyers des matelots sont communes aux officiers et à tout l'équipage, 272. — Les loyers des matelots n'entrent point en contribution pour le rachat des marchandises prises par l'ennemi, 304. — Délai pour la prescription d'une action en paiement de loyers de l'équipage d'un navire, 433. Voyez *Fret, Gages.*

M

Magasins. Voyez *Frais, Loyers, Scellés.*

Magistrat de sûreté. Les agens et syndics doivent remettre à celui de l'arrondissement un compte sommaire de l'état apparent d'une faillite, 488. — Démarches que ce magistrat peut faire d'office et sans frais, 489. — Renseignemens à transmettre par lui au juge-commissaire du tribunal de commerce, 490. — Cas dans lesquels le failli est renvoyé en prévention de banqueroute devant le magistrat de sûreté, 526 et 531.

Maires.

Maires. Les livres des commerçans doivent être paraphés par les maires ou adjoints, ou par les juges des tribunaux de commerce, 11. — Il en est de même du registre du capitaine, 224. — Le maire doit signer le procès-verbal contenant la déclaration du failli admis au bénéfice de cession, 571.

Maison d'arrêt. Dépôt de la personne du failli dans la maison d'arrêt pour dettes, 455.

Maître de navire. Voyez *Capitaine, Truchement.*

Maîtres de bateaux. Voyez *Voituriers.*

Mandat. Le failli qui a appliqué à son profit des fonds, au préjudice d'un mandat spécial dont il était chargé, est réputé banqueroutier frauduleux, 593.

Mandataires. Ceux qui administrent une société anonyme, sont temporaires et révocables, 31.

Marchande publique. Quand la femme est-elle réputée telle, 4 et 5. Voyez *Femmes.*

Marchandises. Le capitaine d'un navire en est responsable, 222. — Cas dans lesquels les capitaines de navire peuvent en mettre en gage ou en vendre, 234. — Le capitaine et les gens de l'équipage ne peuvent charger aucune marchandise pour leur compte sans autorisation, 251. — Les marchandises chargées sur un navire sont affectées à l'exécution des conventions des parties, 280. — Cas dans lequel le chargeur peut retirer ses marchandises d'un navire, 291. — Circonstances qui permettent au capitaine de les mettre à terre, 292. — Le chargeur qui retire ses marchandises pendant le voyage, est tenu d'en payer le fret, 293. — Les marchandises supportent les avaries communes, 401. — Comment est établi le prix des marchandises, 402. — Lesquelles doivent les premières être jetées à la mer, 411. — Comment sont estimées les marchandises qu'on a jetées, 415. — De quelle manière elles contribuent aux pertes, 418. — Elles ne contribuent pas au paiement du navire perdu, 425. — Mode de répartition en cas de perte des marchandises mises sur des alléges, 427. — Délai pour la prescription d'une demande en délivrance de marchandises apportées sur un navire, 433. — Les marchandises et denrées sujettes à dépérissement sont retirées des scellés, et vendues à la diligence des agens d'une faillite, 464. — Les marchandises non dépérissables ne sont par eux vendues qu'après la permission du tribunal de commerce, *ibid.* — Les marchandises du failli sont remises aux syndics provisoires après la clôture de

l'inventaire, 491. Voyez *Capitaine, Consignataire, Distractions frauduleuses, Fret, Revendication, Ventes.*

Marchés. Voyez *Garantie.*

Marge. Il ne doit pas être fait de transports en marge des livres des commerçans, 10. — On doit mettre en marge des lettres de voiture, les marques des objets à transporter, 102.

Mari. Nécessité de son consentement pour que la femme puisse être marchande publique, 4.

Masse des créanciers. Voyez *Créanciers.*

Matelots. Le capitaine a le droit de les choisir et de les louer, 223. — Lorsqu'un voyage est rompu, les matelots loués sont payés des journées par eux employées, et indemnisés, 252. — Cas où les matelots n'ont droit qu'aux simples journées, 253. — On ne leur fait point de diminution lorsque la décharge du navire se fait volontairement dans un lieu plus rapproché, 256. — Règles sur l'indemnité, d'après les causes de la rupture, du retardement ou de la prolongation du voyage, 257. — Les matelots ne peuvent prétendre aucun loyer en cas de perte entière du navire et des marchandises, 258. — Paiement des loyers échus lorsqu'une partie du navire est sauvée, 259 *et suiv.* — Traitement du matelot au service du navire, en cas de maladie ou de blessure, 262. — Loyers du matelot mort pendant le voyage, ou tué en défendant le navire, 265. — Droits du matelot pris dans le navire et fait esclave, 266 *et suiv.* — de celui qui est congédié sans cause valable, 270. — Le navire et le fret sont spécialement affectés aux loyers des matelots, 271. — Ces loyers n'entrent point en contribution pour le rachat des marchandises, 304. — Il ne peut être fait aux matelots aucun prêt à la grosse sur loyers ou voyages, 319. Voyez *Engagemens.*

Matières métalliques. Le courtage ou achat de ces matières peut être fait par les courtiers concurremment avec les agens de change, mais ces derniers ont seuls le droit d'en constater le cours, 76.

Mâts. Avis que le capitaine doit prendre avant de couper ceux d'un navire, 410.

Mémoires. Voyez *Pièces.*

Meubles. Voyez *Effets mobiliers, Scellés.*

Mineurs. Le tuteur ne peut renoncer à la faculté d'interjeter appel d'un jugement arbitral sur une contestation dans laquelle ils sont intéressés, 63. Voyez *Lettre de change.*

Mineurs émancipés. Conditions sans lesquelles ils ne peuvent contracter des engagemens de commerce, 2 et 3. — Faculté que leur donne l'autorisation des père et mère, 6. Voyez *Aliénation, Appel, Hypothèque.*

Ministère public. Il peut poursuivre d'office les banqueroutiers simples devant les tribunaux correctionnels, 588. — La prestation de serment des juges des tribunaux de commerce a lieu sur les conclusions du ministère public, 629.

Ministre de la justice. Voyez *Grand-Juge.*

Mobilier. Comment se répartit le montant de celui d'un failli, 558.

Mois. Ils se calculent, pour la lettre de change, d'après le calendrier grégorien, 132.

Monnaie. On doit, dans les contrats d'assurance, évaluer les monnaies étrangères en monnaies de France, 338.

Munitions. Celles de guerre et de bouche contribuent-elles au jet à la mer, 419.

N

Naufrage. Rapport que le capitaine est tenu de faire lorsqu'il a fait naufrage, 246 *et suiv.* — Les pertes et dommages causés par le naufrage sont à la charge des assureurs, 350. — On peut, en cas de naufrage, délaisser les objets assurés, 369. Voyez *Emprunt à la grosse.*

Navigation. Droits de navigation qui ne sont pas réputés avaries, 406.

Navires. Ils sont meubles, ainsi que tous les autres bâtimens de mer, 190. — Ils sont affectés aux dettes du vendeur, *ibid.* — Responsabilité du propriétaire de navire relativement aux faits du capitaine, 216. — Le capitaine doit avoir à bord l'acte de propriété du navire, 226. — Frais dus à raison d'un retardement dans le départ, 294. — A la charge de qui est le fret quand on est contraint de faire radouber un navire pendant le voyage, 296. Voyez *Bâtimens de mer, Capitaine, Licitation, Marchandises, Ventes, Voyage.*

Négoce. Effets des obligations contractées par la femme marchande publique pour ce qui concerne son négoce, 5.

Négociations. Le résultat de celles qui s'opèrent dans la bourse détermine le cours du change, &c. 72. — Négociations que

les agens de change ont droit de faire seuls ou concurremment avec les courtiers de marchandises, 76. — Le failli qui a fait des négociations supposées, est réputé banqueroutier frauduleux, 593. Voyez *Conditions, Livre-journal.*

Nolis. Voyez *Change, Chartes-parties, Fret.*

Nom. Les agens de change et les courtiers ne peuvent, ni sous leur nom, ni sous un nom interposé, s'intéresser dans aucune entreprise commerciale, 85. — Noms qui doivent être énoncés dans les lettres de voiture, 102. — Les lettres de change doivent porter le nom de celui qui est chargé de payer, 110. — L'endossement doit énoncer le nom de celui à l'ordre de qui il est passé, 137. — Le compte de retour doit porter celui de la personne sur laquelle la retraite est faite, 181. — Lorsqu'une société en nom collectif fait faillite, la déclaration du failli doit contenir le nom de tous les associés solidaires, 440.

Nom social. Celui sous lequel est régie une société en commandite, 23 et 24. — La société anonyme n'existe pas sous un nom social, 29.

Notables. Confection de la liste des commerçans notables de chaque arrondissement, 619.

Notaires. Peines sous lesquelles le notaire qui a reçu un contrat de mariage entre époux dont l'un est commercant, est tenu d'en remettre l'extrait destiné à être affiché, 68. — Les notaires peuvent rédiger les contrats ou polices d'assurance concurremment avec les courtiers, 79. — Les protêts faute d'acceptation ou de paiement peuvent être faits par deux notaires, ou par un notaire et deux témoins, 173. — Formalités qu'ils doivent observer, à peine de destitution, dépens, dommages et intérêts, 176. — Les contrats à la grosse sont faits devant eux, ou sous signature privée, 311.

Notoriété publique. Elle suffit, en cas de faillite, pour autoriser le tribunal de commerce à ordonner l'apposition des scellés, et le juge de paix à les apposer, 449 et 450. — Les cas de banqueroute frauduleuse peuvent, sur la notoriété publique, être poursuivis par les procureurs impériaux, 595.

Nourriture. Délai pour la prescription d'une action en paiement de nourriture fournie aux matelots, 433.

Nullité. Formalités prescrites, sous peine de nullité, pour les extraits d'actes de société en nom collectif et en commandite, 42. — Causes qui rendent les contrats d'assurance nuls, 347 à 349, 357 et 365. — Nullité des protestations et réclamations faites trop tard, 436. — Tous actes et paiemens faits en fraude

des créanciers, sont nuls, 447. — Nullité dont serait frappé tout traité entre les créanciers et le débiteur failli, si l'on n'y observait pas toutes les formalités prescrites, 519. — Cas où il ne pourrait, sous la même peine, être fait aucun traité, 521. — Signature du concordat séance tenante, sous la même peine, 522. — Délai pour l'opposition des créanciers refusans, 523. — Délai pour l'homologation, et ses effets, 524. Voyez *Actes.*

Numéro. Les lettres de voiture doivent porter en marge les numéros des objets à transporter, 102.

O

Obligations. Celles que la femme marchande publique peut contracter sans le consentement de son mari, 5. — Quelles obligations sont réputées actes de commerce, 632. Voyez *Prescription.*

Officiers de navire. Les dispositions relatives aux loyers, pansement et rachat des matelots, leur sont communes, 272.

Opérations de commerce. Comment les agens de change et les courtiers doivent-ils les consigner sur leurs livres, 84. — Quelles opérations sont réputées actes de commerce, 632 *et suiv.* Voyez *Conditions, Livre-journal.*

Opposition. Cas dans lesquels les créanciers peuvent s'opposer, en ce qui les concerne, à un jugement de séparation de corps, 66. — On peut s'opposer au paiement d'une lettre de change lorsqu'elle est perdue ou que le porteur a fait faillite, 149. — Cas dans lequel les demandes en distraction sont converties en oppositions à la délivrance du prix de la vente, 210. — Temps après lequel les oppositions ne sont plus admises, 212. — Délai pour la production des titres de la part des créanciers opposans, 213. — Comment il est procédé à la collocation des créanciers et à la distribution des deniers, 214. — La voie de l'opposition est ouverte aux créanciers défaillans jusqu'à la dernière distribution des deniers, 513. — Toute partie intéressée peut former opposition à la réhabilitation d'un failli, 608. — Compétence sur les oppositions au concordat, 635.

Ordonnance. Il en faut une du juge-commissaire pour retirer les fonds de la caisse de faillite versés à la caisse d'amortissement, 498.

Ordre. A l'ordre de qui peut-on tirer une lettre de change, 110. — Défense de l'antidater, à peine de faux, 139.

Ordre entre les créanciers. Comment sont considérés les créanciers qui ne viennent pas en ordre utile, 543.

Ouvriers. Les sommes dues aux ouvriers employés à la construction des navires sont des dettes privilégiées, 191.

P

Paiement. Les lettres de change doivent énoncer l'époque et le lieu du paiement, 110. — Elles doivent être payées dans la monnaie qu'elles indiquent, 143. — Responsabilité de celui qui paye une lettre de change avant son échéance, 144. — Libération de celui qui paye à l'échéance et sans opposition, 145. — Le porteur ne peut être contraint de recevoir le paiement avant l'échéance, 146. — Conditions pour la validité du paiement d'une lettre de change fait sur une seconde, troisième, quatrième, &c. 147 et 148. — Cas où l'opposition au paiement est admise, 149. — Les paiemens faits à compte sur le montant d'une lettre de change, sont à la charge du tireur et des endosseurs, 156. — Le porteur fait protester pour le surplus, *ibid.* — Les juges ne peuvent accorder aucun délai pour le paiement d'une lettre de change, 157. — Une lettre de change protestée peut être payée par tout intervenant pour le tireur ou pour l'un des endosseurs, 158. — Droits et devoirs de celui qui paye par intervention, 159. — Libération qui résulte de ce paiement, *ibid.* — A qui la préférence doit être accordée en cas de concurrence pour le paiement, *ibid.* — La cessation de paiement constitue un commerçant en état de faillite, 437. — Titres dont la représentation est nécessaire pour un paiement à faire aux créanciers d'un failli, 561. Voyez *Adjudication*, *Déclaration*, *Faillite*, *Pertes*, *Porteur*, *Recette.*

ansement. Cas où le matelot tombé malade ou blessé a droit au pansement, 272 *et suiv.*

Papiers. Ceux du failli doivent être communiqués sans déplacement aux agens, 472. Voyez *Scellés.*

Papiers publics. Voyez *Journaux*, *Saisie.*

Paraphe. Livres et registres des commerçans, qui doivent être paraphés, &c. 10 et 11. — Le registre du capitaine est assujetti à cette formalité, 224.

Participation. Les associations commerciales en participation sont autorisées, 47 *et suiv.* Voyez *Associés.*

Passif. Voyez *Dettes.*

Patron. Voyez *Capitaine.*

Perquisition. Lorsqu'il y a eu fausse indication de domicile, le protêt doit être précédé d'un acte de perquisition, 173.

Pertes. Celles dont le commissionnaire pour les transports par terre et par eau est tenu, 98. — Quels dommages et pertes sont aux risques des assureurs, 350. — Autres dont ils ne sont point garans, 351. — Quotité de la perte qui autorise le délaissement des objets assurés, 369. — Le failli qui a supposé des pertes, est réputé banqueroutier frauduleux, 593. Voyez *Commanditaire, Lettre de change, Prescription, Tableau.*

Pétition. Voyez *Réhabilitation.*

Pièces. Remise des pièces et mémoires des parties aux arbitres, 56. — Sommation en cas de retard, 57. — Prorogation de délai, 58. — Jugement sur les seules pièces remises après l'expiration du délai, 59.

Pillage. Les dommages et pertes causés par le pillage d'un navire, sont à la charge de l'assureur, 350.

Pilotage. Les droits de pilotage, &c. sont des dettes privilégiées, 191. — L'assureur n'est pas tenu du pilotage, touage et lamanage, 354. — Ils ne sont pas considérés comme avaries, 406.

Plaidoirie. Autorisation nécessaire de la partie pour plaider dans un tribunal de commerce, 627.

Poids. Celui des objets à transporter doit être exprimé dans les lettres de voiture, 102.

Police d'assurance. Plusieurs assurances peuvent être contenues dans la même police, 333. — Ce que doit indiquer la police dans les assurances pour les Échelles du Levant, &c. 337. — On doit désigner dans la police les marchandises sujettes à détérioration ou susceptibles de coulage, 355. — Délai pour la prescription d'actions dérivant d'une police d'assurance, 432. Voyez *Contrat d'assurance.*

Port. Voyez *Tonnage.*

Porte-feuille. Voyez *Scellés.*

Porteur. Délais dans lesquels les porteurs de lettres de change doivent en exiger le paiement ou l'acceptation, suivant les lieux d'où elles sont tirées, 160. — Ce paiement doit être fait le jour de l'échéance, 161. — Le refus doit être constaté le lendemain par un protêt faute de paiement, 162. — Action en garantie du porteur d'une lettre de change protestée faute de paiement, 164 et 165. — Il peut d'ailleurs, avec la permission

du juge, saisir conservatoirement les effets mobiliers des tireur, accepteurs et endosseurs, 172. Voyez *Garantie*, *Protêt*.

Pourvoi en cassation. Il peut avoir lieu relativement à un jugement arbitral, 52.

Pouvoir. Comment doit être donné celui qui est nécessaire pour plaider une cause devant un tribunal de commerce, 627.

Prescription. Celle qui a lieu relativement aux actions contre les associés non liquidateurs et leurs veuves, héritiers ou ayant-cause, 64. — Délai après lequel sont prescrites les actions contre les commissionnaires et voituriers, à raison de la perte ou de l'avarie des marchandises, 108. — Prescription contre les actions relatives aux lettres de change et billets à ordre pour faits de commerce, 189. — On peut néanmoins exiger que les débiteurs affirment, sous serment, qu'ils ne sont plus redevables, *ibid.* — Déclaration que les veuves, héritiers ou ayant-cause sont seulement tenus de faire, *ibid.* — Le capitaine ne peut acquérir la propriété du navire par voie de prescription, 430. — Délai pour la prescription de l'action en délaissement et de toute autre dérivant d'un contrat à la grosse ou d'une police d'assurance, 431 et 432. — Prescription des actions en paiement de fret de navire, de nourriture, de salaire, &c. 433. — La prescription ne peut avoir lieu, s'il y a cédule, obligation, arrêté de compte ou interpellation judiciaire, 434.

Présence. Le protêt doit énoncer la présence ou l'absence de celui qui est tenu de payer une lettre de change, 174.

Présentation. Une lettre de change à vue est payable à sa présentation, 130.

Président du tribunal de commerce. Comment et dans quel délai il doit ordonner l'exécution d'un jugement arbitral, 61. — A qui il transmet les renseignemens sur la demande en réhabilitation du failli, 609.

Présomption. Cas où celle des pertes ou de l'arrivée annulle l'assurance, 365.

Prêt. Les sommes prêtées au capitaine pour les besoins du bâtiment pendant le dernier voyage, sont des frais privilégiés, 191. — Il en est de même de celles prêtées à la grosse pour radoub, victuailles, armement et équipement du navire avant son départ, *ibid.* — Manière de constater les sommes prêtées, 192.

Prêt à la grosse. Tout acte de prêt à la grosse peut être négocié par la voie de l'endossement, s'il est à ordre, 313. — Sur quoi s'étend la garantie de paiement, 314. — Prêt prohibé, 319.

— Objets qui sont affectés, par privilége, au capital et aux intérêts de l'argent donné à la grosse, 320 *et suiv.* — Seul cas où le prêteur à la grosse supporte la perte des marchandises chargées sur un autre navire que celui désigné au contrat, 324. — Perte entière qui ôte la faculté de réclamer le montant du prêt, 325. — Pertes qui ne sont pas à la charge du prêteur, 326. — Avaries auxquelles les prêteurs contribuent, à la décharge des emprunteurs, 330. Voyez *Contrat à la grosse.*

Prête-nom. Le failli qui a fait des acquisitions à la faveur d'un prête-nom, est réputé banqueroutier frauduleux, 593.

Preuve. On n'admet point la preuve par témoins à l'égard des actes de société, quand il s'agirait d'une somme au-dessous de 150 fr., 41. — La preuve testimoniale peut être admise pour constater les achats et les ventes, 109. Voyez *Livres.*

Prévarications. Celles de l'équipage dont l'assureur n'est pas tenu, 353.

Primes. Le taux de celles accordées pour les voyages de mer ou de rivières est certifié par les courtiers d'assurance, 79. — Primes d'assurance sur armement et équipement, &c. qui sont au nombre des frais privilégiés, 191. — Manière de les constater, 192. — Quotité à laquelle peut être fixée la prime de réassurance, 342. — Par qui est fixée l'augmentation de primes stipulée en temps de paix pour un temps de guerre, et dont la quotité n'a pas été déterminée par le contrat d'assurance, 343. — Cas où la prime est acquise à l'assureur, 351. — A quoi est réduite la prime de l'assureur, relativement aux marchandises qui doivent aller et revenir, 356. — Cas où une double prime est payée par l'assureur ou par l'assuré, 368.

Prise. Les pertes et dommages résultant de la prise d'un navire, sont à la charge des assureurs, 350. — On peut, en cas de prise, délaisser les objets assurés, 369. — Si l'assuré n'a pu donner avis de la prise à l'assureur, il a la faculté de racheter les effets sans attendre son ordre, 395.

Privilége. Comment s'exerce celui du commissionnaire qui a fait des avances sur des marchandises, 93 *et suiv.* — Manière dont les dettes relatives aux bâtimens de mer doivent être justifiées pour l'exercice du privilége, 192. — Comment s'éteignent les priviléges des créanciers, 193. — Privilége du capitaine et de l'équipage sur les marchandises sauvées quand on a été obligé de jeter une partie des marchandises à la mer, 428. — Les actes faits dix jours avant la faillite ne font pas acquérir de privilége, 443. — Privilége des créanciers du failli, 533. Voyez *Dettes, Faillite.*

Prix. Le prix de la voiture doit être énoncé dans la lettre de voiture, 102. — Le prix du change auquel la retraite est faite, doit également être énoncé dans le compte de retour, 181.

Procédure. Forme de procéder devant les tribunaux de commerce, 642 *et suiv.*

Procès-verbal. Celui qui constate l'apposition des scellés après une faillite, doit être renvoyé au tribunal de commerce, 453. — Procès-verbal de l'assemblée des créanciers, 518. — Celui qui constate la déclaration par laquelle un failli réitère la cession de ses biens, 571.

Procuration. Voyez *Endossement.*

Procureurs généraux. Renseignemens que ceux des cours d'appel doivent se procurer sur les demandes en réhabilitation, 606. — Arrêt qui intervient sur leur poursuite, 610.

Procureurs impériaux. Ils sont tenus d'interjeter appel des jugemens des tribunaux de police correctionnelle en matière de banqueroute simple, lorsque l'instruction fournit prévention de banqueroute frauduleuse, 591. — Eux et leurs substituts doivent poursuivre d'office les cas de banqueroute frauduleuse devant les cours de justice criminelle, 595. — Leurs fonctions sur les demandes en réhabilitation, 609, 610, 612 et 614.

Profit. Voyez *Tableau.*

Promesse. Cas dans lesquels les lettres de change sont réputées simples promesses, 112 et 113.

Propriétaire. Responsabilité d'un propriétaire de navire, 216 et 217. — Il peut congédier le capitaine, 218. — L'avis de la majorité est suivi pour tout ce qui concerne l'intérêt commun des propriétaires, 220. — Quand les propriétaires d'effets jetés à la mer sont-ils tenus de rapporter ce qu'ils ont reçu dans la contribution, 429. Voyez *Capitaine, Licitation, Navires.*

Protestation. Le propriétaire d'une lettre de change perdue, et dont le paiement est refusé, conserve ses droits par un acte de protestation, 153. — Formalités sans l'observation desquelles il y a fin de non-recevoir contre les protestations, 435. Voyez *Nullité.*

Protêt. Quel acte est nommé protêt faute d'acceptation, 119. — Obligations des endosseurs et du tireur d'après la signification de ce protêt, 120. — Délai pour la confection et la notification d'un acte de protestation en cas de refus de paiement d'une lettre de change perdue, 153. — Protêt faute de paiement, 162. — Par qui peuvent être faits les protêts faute d'acceptation ou de paiement, 173. — Formalités à observer pour ces actes, et

énonciations qu'ils doivent contenir, 173 et 174. — Seul cas où le protêt puisse être suppléé par un autre acte de la part du porteur de la lettre de change, 175. — Formes à observer par les notaires et les huissiers relativement aux protêts, 176. — Le compte de retour doit être accompagné du protêt, ou d'une expédition de cet acte, 181. Voyez *Intérêt.*

Provision. Par qui elle doit être faite, 115. — Dans quel cas il y a provision, 116. — Effets de l'acceptation relativement à la provision, 117.

Publication. Voyez *Criées, Saisie.*

Q

Quittances. Voyez *Agens de faillite, Réhabilitation.*

R

Rachat. Cas où le matelot pris dans le navire et fait esclave a droit au rachat, 266 *et suiv.* — Même disposition à l'égard des officiers et autres gens de l'équipage, 272. — Mode de paiement du fret dans le cas de rachat des marchandises prises par l'ennemi, 303. — Comment se fait la contribution pour le rachat, 304.

Radoub. Voyez *Capitaine, Fret, Navires, Primes.*

Raison sociale. Les noms des associés peuvent seuls en faire partie, 21. Voyez *Commanditaire.*

Rapport. Ce que doit énoncer et devant qui doit être fait celui du capitaine à son arrivée, 242 et 243. — Le capitaine doit faire un rapport au consul de France lorsqu'il aborde dans un port étranger, 244. — Rapport en cas de naufrage, 246 *et suiv.* Voyez *Dettes, Droits.*

Ratures. Il n'en doit point être fait dans les livres des agens de change et courtiers, 84. Voyez *Surcharges.*

Réassurance. L'assureur peut faire réassurer par d'autres les effets qu'il a assurés, 342. — Prime de réassurance, *ibid.*

Recélement. Poursuites à exercer contre la femme d'un failli, qui aurait détourné, diverti ou recélé des effets mobiliers et bijoux, 555.

Recette. Les agens de change ni les courtiers ne peuvent recevoir ni payer pour le compte de leurs commettans, 85.

Rechange. Comment il s'effectue, 177. — De quelle manière

il se règle à l'égard du tireur et des endosseurs, 179. — Les rechanges ne peuvent être cumulés, 183. — Cas où il n'est point dû de rechange, 186. Voyez *Retraite.*

Rechargement. Dans quel cas le chargeur est obligé de payer les frais de rechargement, 291.

Réclamations. Formalités exigées sous peine de nullité, 436.

Recommandation. Voyez *Écrou.*

Recours. Voyez *Délais, Garantie, Porteur.*

Recouvrement. Les agens d'une faillite font le recouvrement des effets du porte-feuille à courte échéance, 463. — Les syndics provisoires peuvent de même procéder au recouvrement des dettes actives avec l'autorisation du commissaire délégué, 492.

Refus. Les motifs du refus de payer, et l'impuissance ou le refus de signer, doivent être énoncés dans l'acte de protêt d'une lettre de change, 174. Voyez *Acceptation.*

Régime dotal. Seuls cas dans lesquels on puisse hypothéquer ou aliéner les biens stipulés dotaux des femmes marchandes publiques, quand elles sont mariées sous le régime dotal, 7. — Obligations imposées aux époux qui se sont mariés sous le régime dotal et dont l'un est commerçant, 67 *et suiv.*

Registre. Celui qui est destiné à la transcription des lettres missives, 8. — Registre spécial pour l'inventaire annuel des effets et des dettes, 9. — Registre pour la transcription des protêts, 176. — Celui que doit tenir le capitaine d'un navire, 224. — Visa de ce registre à son arrivée, 242. — Transcription des arrêts de réhabilitation sur les registres des tribunaux d'arrondissement et de commerce, 611. Voyez *Capitaine, Jet, Scellés.*

Réhabilitation. Ceux qui ont fait faillite ne peuvent avant la réhabilitation être agens de change ou courtiers, 83. — En homologuant un concordat, le tribunal déclare le failli excusable, et susceptible d'être réhabilité, 526. — Lorsqu'il y a union de créanciers, c'est le tribunal qui prononce sur cette question, 531. — A quelle cour le failli doit adresser sa demande en réhabilitation, 604. — Quittances et pièces que le demandeur doit joindre à sa pétition, 605. — Renseignemens qui sont demandés sur les faits par lui exposés, 606. — Affiche de la pétition, 607. — Opposition qui peut être formée, pendant la durée de l'affiche, à la réhabilitation, 608. — Renseignemens que le procureur impérial et le président du tribunal de commerce

doivent transmettre au procureur général de la cour d'appel, 609. — Arrêt qui intervient, 610. — En cas de rejet, la demande ne peut plus être reproduite, *ibid.* — Lecture publique de l'arrêt de réhabilitation, et sa transcription sur les registres des tribunaux d'arrondissement et de commerce, 611. — Personnes qui ne sont point admises à la réhabilitation, 612. — Dans quel cas le banqueroutier simple peut être réhabilité, 613. — Le commerçant failli et non réhabilité ne peut se présenter à la bourse, 614.

Réintégration. Voyez *Destitution.*

Relâche. Déclarations à faire par les capitaines de navire en cas de relâche dans des ports français ou étrangers, 245.

Rembarquement. Voyez *Frais.*

Remise. La loi répute actes de commerce les remises d'argent de place en place, 632. Voyez *Adjudication, Revendication.*

Remploi. Immeubles sur lesquels seuls la femme dont le mari était commerçant à l'époque du mariage, a hypothèque pour le remploi des biens apportés en dot et aliénés, 551.

Renseignemens. Voyez *Procureurs généraux.*

Répartition. Celle des pertes et dommages causés par la nécessité de jeter en mer une partie du chargement d'un navire, 416. — Comment cette répartition est exécutoire, *ibid.* — Comment se fait la répartition, en cas de perte de marchandises mises dans des barques pour alléger le navire, 427. — Les créanciers défaillans ne peuvent rien prétendre aux répartitions consommées lorsqu'ils se présentent, 513. — Répartition du mobilier du failli entre les créanciers, 558 *et suiv.* — Ils doivent être instruits de l'ouverture de la répartition, 560. Voyez *Contribution, Jet, Pertes.*

Représailles. Les dommages et les pertes qui en peuvent résulter, sont à la charge des assureurs, 350.

Reprises. Celles que la femme est autorisée à exercer en cas de faillite du mari, 545 *et suiv.*

Résiliation. Cas de faillite qui donne à l'assureur et à l'assuré la faculté de demander la résiliation du contrat, 346.

Responsabilité. Celle du propriétaire de navire, 216. — Comment elle cesse, *ibid.* — En quoi consiste la responsabilité du capitaine, 221, 222, 228 *et suiv.* Voyez *Connaissement, Délits, Garantie, Notaires.*

Retard. Les lettres de voiture doivent énoncer l'indemnité due pour cause de retard, 102.

Réticence. Voyez *Différence.*

Retraite. Formalités auxquelles sont sujets les actes portant retraite d'associés, 46. — Ce que c'est que la retraite par laquelle s'effectue le rechange, 178. — Elle est accompagnée d'un compte de retour, 180. — Ce que le compte de retour comprend, et formalités y relatives, 181. — Il n'en peut être fait plusieurs, 182. — Par qui il est remboursé, *ibid.* Voyez *Rechange.*

Revendication. Quelles marchandises le vendeur peut revendiquer en cas de faillite, 576. — Circonstances pendant lesquelles seules la revendication peut avoir lieu, 577. — Cas où les marchandises ne peuvent plus être revendiquées, 578. — Indemnités dues par le revendiquant à l'actif du failli, 579. — Identité des marchandises nécessaire pour autoriser la revendication, 580. — Durée indéfinie de la faculté de revendiquer les marchandises consignées au failli à titre de dépôt, 581. — Exception aux cas dans lesquels les syndics des créanciers peuvent, en payant, retenir les marchandises revendiquées, 582. — La revendication considérée relativement aux remises en effets de commerce, 583 et 584.

Risques. Durée du temps des risques à l'égard du navire, des agrès, &c. et des marchandises, 328. — Temps des risques par rapport au contrat d'assurance, 341. — Quelles pertes sont aux risques des assureurs, 350. Voyez *Assurance.*

Rôle d'équipage. Le capitaine d'un navire est tenu de l'avoir à bord, 226. — Ce rôle sert à constater les conditions d'engagement, 250. — Le matelot congédié avant la clôture du rôle n'a pas droit à une indemnité, 270.

Route. Les pertes et dommages causés par changement forcé de route du vaisseau sont à la charge des assureurs, 350.

S

Saisie. Tous bâtimens de mer peuvent être saisis et vendus par autorité de justice, 197. — Délai pour y procéder après le commandement, 198. — Énonciations que doit contenir le procès-verbal de saisie, 200. — Établissement de gardiens, *ibid.* — Délai pour la notification du procès-verbal de saisie et la citation, 201. — Nombre des criées et publications pour la saisie d'un bâtiment au-dessus de dix tonneaux, 202. — De quelle manière et dans quels lieux ces criées et publications sont faites, *ibid.* — Papiers publics dans lesquels l'avis

en doit être inséré, *ibid.* — Seules causes pour lesquelles on puisse saisir un bâtiment prêt à faire voile, 215. Voyez *Affiches.*

Saisie immobilière. Le porteur d'une lettre de change protestée faute de paiement, peut, avec la permission du juge, faire saisir conservatoirement les effets mobiliers du tireur, des accepteurs et des endosseurs, 172.

Salaires. Délai pour la prescription du paiement de salaires d'ouvriers employés aux constructions maritimes, 433.

Sauf-conduit. Le juge-commissaire peut, après l'apposition des scellés, proposer la mise en liberté du failli avec sauf-conduit, 466. — A défaut de cette proposition par le commissaire, le failli peut en présenter la demande au tribunal de commerce, 467. — Appel du failli par les agens, lorsqu'il a obtenu un sauf-conduit, 468. — Cas dans lequel il ne peut être proposé par le commissaire, ni accordé par le tribunal de sauf-conduit au failli, 490. — Quand le failli a obtenu un sauf-conduit, les syndics provisoires peuvent l'employer pour faciliter leur gestion, 493. — Le failli qui, ayant obtenu un sauf-conduit, ne se représente pas à justice, est réputé banqueroutier frauduleux, 594.

Sauvetage. Voyez *Contrat à la grosse.*

Scellés. Le tribunal de commerce doit ordonner l'apposition des scellés aussitôt qu'il a connaissance de la faillite, 449. — La notoriété publique suffit pour autoriser le juge de paix à cette apposition, 450. — Les scellés peuvent être apposés sur les magasins, comptoirs, caisses, porte-feuilles, livres, registres, papiers, meubles et effets du failli, 451. — Divers domiciles où les scellés sont apposés, en cas de faillite par des associés réunis en société collective, 452. — Livres et papiers extraits des scellés, et remis aux agens, 463. — Levée des scellés à la requête des syndics provisoires, 486. — Le failli doit y être présent ou dûment appelé, 487.

Séparation de biens. De quelle manière la demande en doit être poursuivie, instruite et jugée, 65. — Tout époux séparé de biens, ou marié sous le régime dotal, doit, s'il embrasse la profession de commerçant après son mariage, remettre l'extrait du contrat pour l'affiche, 69. — Même injonction, dans le même cas, aux époux exerçant la profession de commerçant à l'époque de la publication du Code, 70.

Séparation de corps. Formalités auxquelles sont soumis les jugemens prononçant une séparation de corps ou un divorce entre mari et femme dont l'un serait commerçant, 66.

Séquestre. Cas où l'on peut ordonner celui des objets transportés, 106.

Serment. A qui le juge peut le déférer en cas de représentation de livres, 17. — Serment que doivent prêter les agens d'une faillite, 461. — Devant quelle autorité les juges des tribunaux de commerce prêtent serment avant d'entrer en fonctions, 629. Voyez *Affirmation.*

Signatures. Quotité de celles de crédit ou de circulation qui peut faire réputer un failli banqueroutier simple, 586. Voyez *Filles.*

Signification. Délai pour la signification du délaissement des objets assurés, 374. — Dans quel autre délai l'assureur est tenu de payer l'assurance, 382. — Délai pour la signification à l'assureur, en cas d'arrêt des marchandises de la part d'une puissance, 387. — Dans quels délais les objets arrêtés peuvent ensuite être délaissés, *ibid.* — L'assuré est tenu de signifier à l'assureur la composition qu'il a faite pour le rachat des effets en cas de prise, 395. — L'assureur n'a que vingt-quatre heures pour notifier son choix de prendre la composition à son compte ou d'y renoncer, 396. Voyez *Citation.*

Sociétés. Comment se règle le contrat de société, 18. — La loi reconnaît trois espèces de sociétés, 19. — Définition de la société *en nom collectif,* 20. — Solidarité des associés en nom collectif, 22. — Comment se contracte la société *en commandite,* 23. — Nom social sous lequel elle est régie, *ibid.* — Cas dans lequel la société est tout-à-la-fois en nom collectif et en commandite, 24. — En quoi consiste la société *anonyme,* 29. — Son administration, 31. — Seule perte dont les associés soient passibles, 33. — Comment se divise le capital de la société anonyme, 34. — Cette société ne peut exister qu'avec l'autorisation du Gouvernement, 37. — Le capital des sociétés en commandite peut être divisé en actions, 38. — Actes par lesquels doivent être constatées les différentes espèces de sociétés, 39 et 40. — L'extrait des actes de société en nom collectif et en commandite doit être transcrit au greffe et affiché dans la salle des audiences, 42. — Ce qui a lieu à l'égard des sociétés qui ont plusieurs maisons de commerce dans divers arrondissemens, *ib.* — Nullité résultant de l'inexécution de ces formalités, *ibid.* — Manière de constater la continuation d'une société après son terme expiré, 46. — Formalités prescrites pour la déclaration de continuation, et pour tous actes portant dissolution de société avant le terme fixé pour sa durée, *ibid.* — Associations commerciales

merciales en participation, 47 *et suiv.* — Objets pour lesquels elles ont lieu, 48. — Comment elles peuvent être constatées, 49. — Formalités dont elles sont dispensées, 50. — Ce que doit contenir la déclaration de faillite d'une société en nom collectif, 440. Voyez *Actes de société, Extraits.*

Solidarité. Celle des associés en nom collectif, 22. — L'associé commanditaire qui fait quelque acte de gestion, est obligé solidairement avec les associés en nom collectif, 28. — Sur qui frappe la solidarité pour le paiement d'une lettre de change, 140.

Sommation. L'acte de protêt doit contenir sommation de payer le montant de la lettre de change, 174. — Celle qui est faite au failli muni d'un sauf-conduit, pour venir clore et arrêter ses livres, 468. — Avertissement aux créanciers du failli pour la remise aux syndics, ou le dépôt au greffe, de leurs titres, 502. Voyez *Empêchement.*

Sommes. Celles qui, employées pour des bâtimens de mer, sont rangées parmi les dettes privilégiées, 191.

Stellionataires. Ils ne peuvent être admis au bénéfice de cession, 575, — ni à la réhabilitation, 612.

Stipulation. Formalités prescrites pour les actes contenant nouvelle stipulation relativement à l'acte de société, 46.

Subrogation. Elle résulte du paiement d'une lettre de change fait par intervention, 159.

Substituts des procureurs impériaux. Ils poursuivent les banqueroutes frauduleuses, 595.

Suppléans des tribunaux de commerce. Leur nombre suivant les besoins du service, 617. — On ne peut les appeler que pour compléter le nombre des juges, 626.

Supposition. On répute simples promesses les lettres de change qui contiennent supposition de nom, de qualité, de domicile, &c. 112.

Sur-arbitre. Nomination d'un sur-arbitre en cas de partage, 60.

Surcharges. Le procès-verbal de vérification des créances doit faire mention des surcharges, ratures et interlignes observées sur les titres, 505.

Surenchère. Celle qui peut avoir lieu après l'adjudication des biens d'un failli, 565.

Surséance. Le tribunal de commerce peut ordonner une surséance provisoire aux poursuites contre un failli, 570.

Syndics. Par qui est formée une liste triple sur laquelle le tribunal de commerce nomme les *syndics provisoires*, 480. — Ces syndics doivent requérir la levée des scellés et procéder à l'inventaire des biens du failli, 486. — Quand l'inventaire est terminé, les marchandises, l'argent, les titres actifs, meubles et effets du débiteur, leur sont remis, 491. — Ces syndics peuvent procéder au recouvrement des dettes actives, et à la vente des effets et marchandises du failli, 492. — Actes conservatoires qu'ils doivent faire, 499. — Sommation aux créanciers de remettre les titres de leurs créances, ou de les déposer au greffe, 502. — Convocation des mêmes créanciers pour l'affirmation de leurs créances, 514. — Les syndics provisoires rendent leur compte définitif au failli en présence du commissaire, 525. — Le tribunal de commerce prononce en cas de contestation, *ibid.* — Le failli ayant donné décharge, les fonctions des syndics cessent, *ibid.* — Dans quel cas les créanciers nomment un ou plusieurs *syndics définitifs*, 527. — Ces syndics reçoivent le compte des syndics provisoires, *ibid.* — Ils représentent la masse des créanciers, 528. — Leurs fonctions, *ibid.* — Cas dans lequel ils doivent poursuivre l'expropriation des immeubles du failli, 532. — Comment ils peuvent retirer les gages des créanciers au profit de la faillite, 536. — Recouvrement à faire lorsque ces gages ne sont point retirés, 537. — Les syndics doivent remettre tous les mois au commissaire un état de situation de la faillite, et des deniers existans en caisse, 559. — Compte qu'ils doivent rendre aux créanciers unis, 562. — Actes qu'ils doivent faire lorsque l'union a été autorisée à traiter des droits et actions non recouvrés, 563. — Ils peuvent, hors les cas de dépôt et de consignation, retenir les marchandises revendiquées, 582. — Ce que les syndics doivent faire sur les demandes en revendication, 585. — Ils peuvent traduire les banqueroutiers simples devant les tribunaux de police correctionnelle, 588. — Ils sont tenus de remettre aux procureurs impériaux les titres qui leur sont demandés, 601. — Les pièces dont le jugement contre les banqueroutiers n'ordonne pas le dépôt judiciaire, sont remises aux syndics, qui en donnent décharge, 603. Voyez *Homologation*.

T

Tableau. Celui des profits, des dépenses et des pertes que le bilan doit contenir, 471. — Tableau placé dans l'auditoire du tribunal de commerce de la maison commune, où l'on insère les nom, prénoms, profession et demeure du débiteur admis au bénéfice de cession, 573. Voyez *Bijoux.*

Témoins. Voyez *Preuve.*

Tempête. Les pertes et dommages qu'elle cause, sont à la charge des assureurs, 350.

Tiers. Les associés ne peuvent opposer à des tiers l'inobservation des formalités prescrites pour les actes de société, 42. — Les lettres de change peuvent être tirées à l'ordre d'un tiers, 110. — L'aval peut aussi être donné par un tiers, 142.

Tireur. Obligations de celui d'une lettre de change, 118 et 120. Voyez *Tiers.*

Titres. Après la clôture de l'inventaire, les titres actifs du failli sont remis aux syndics provisoires, 491. — Le procès-verbal de vérification des créances doit contenir la description sommaire des titres, 505. — Déclaration que les syndics signent sur chaque titre lorsque la créance n'est pas contestée, 506. Voyez *Transfert.*

Tonnage. Les chartes-parties et les connaissemens doivent faire mention du tonnage des navires, 273 et 281. — Dommages-intérêts dont est tenu le capitaine qui a déclaré le navire d'un port plus grand qu'il n'était en effet, 289. — Quantité dont la différence fait qualifier la déclaration d'erronée, 290. Voyez *Droits.*

Tonne. Voyez *Droits.*

Touage. Voyez *Pilotage.*

Traduction. A qui appartient le droit de traduire les déclarations, chartes-parties, connaissemens, contrats et tous autres actes de commerce, en cas de contestation devant les tribunaux, 80.

Traité. Voyez *Concordat.*

Transactions. Le cours du change, &c. est déterminé par le résultat de celles qui s'opèrent à la bourse, 72.

Transfert. Déclaration de transfert au moyen de laquelle s'opère la cession d'une action de société anonyme, 36.

Transport. Cas dans lequel celui d'une lettre de change n'est pas opéré par l'endossement, 138. Voyez *Chargement*, *Lettre de voiture*, *Marge.*

Transpositions. On n'en doit point faire dans les livres des courtiers et des agens de change, 84.

Travaux. Ceux faits pour l'armement et l'équipement d'un navire sont des dettes privilégiées, 191.

Tribunaux de commerce. États arrêtés par les présidens de ces tribunaux, et pièces dont un double est déposé au greffe, 192. — Le rapport du capitaine à son arrivée se fait devant le président et se dépose au greffe, 243. — Déclarations à faire au président du tribunal de commerce lorsque le capitaine relâche dans un port français, 245. — Circonstance qui autorise le tribunal à ordonner l'apposition des scellés pour une faillite, 449. — Jugement par lequel il déclare l'époque de l'ouverture de la faillite, 454. — Il ordonne en même temps le dépôt du failli dans la maison d'arrêt, ou la garde de sa personne, 455. — Les marchandises non dépérissables ne peuvent être vendues par les agens qu'avec sa permission, 464. — Il statue sur les demandes de sauf-conduit, 467. — Les syndics provisoires sont par lui nommés, 480. — Renvoi des parties devant le tribunal, lorsque les créances sur le failli sont contestées, 508. — Le tribunal peut ordonner une enquête sur les faits, 509. — Il peut également fixer un nouveau délai pour la vérification, 511. — Cas où il peut accorder des secours au failli, 530. — Le tribunal peut autoriser l'union des créanciers à traiter à forfait des droits et actions dont le recouvrement n'a pas été opéré, 563. — C'est à l'audience de ce tribunal que le failli doit réitérer la cession de ses biens, 571. — La déclaration du failli est inscrite sur un tableau placé dans l'auditoire, 573. — Le nombre des tribunaux de commerce est déterminé par un réglement d'administration publique, 615. — Arrondissemens de ces tribunaux, 616. — Leur composition, 617. — Celle de l'assemblée qui doit en élire les membres, 618. — Mode de leur élection, 621. — Temps pour lequel elle a lieu, 622. — Intervalle pour la réélection, 623. — Greffiers et huissiers, 624. — Les fonctions de juges sont seulement honorifiques, 628. — Les tribunaux de commerce sont sous la surveillance du grand-juge, 630. — Compétence de ces tribunaux, 631 *et suiv.* — Dans quels cas ils jugent en dernier ressort, 639. — Quels tribunaux suppléent ceux de commerce dans les arrondissemens où il n'en existe pas, 640. — Forme de procéder devant les tribunaux de commerce, 642. — Où sont portés les

appels de leurs jugemens, 644. — Délai pour interjeter appel, 645. — Cas où l'appel n'est pas recevable, 646. — Les cours d'appel ne peuvent surseoir aux jugemens des tribunaux de commerce, 647. — Comment doivent être instruits les appels de ces jugemens dans les cours, 648.

Tribunaux de police correctionnelle. Ils connaissent du délit de banqueroute simple, 588. — Ils doivent, suivant l'exigence des cas, prononcer un emprisonnement, 592.

Truchement. Quels courtiers ont droit de servir de truchement, dans les affaires contentieuses de commerce, aux étrangers et aux personnes de mer, 80.

Tuteurs. Ils ne peuvent renoncer à l'appel d'un jugement arbitral, 63. — Ils ne sont pas admis au bénéfice de cession, 575, — ni à la réhabilitation, 612. Voyez *Appel.*

U

Union. Dans quel cas les créanciers d'un failli forment un contrat d'union, 527. — Le juge-commissaire rend compte à l'union des créanciers des circonstances d'après lesquelles le failli paraît être ou n'être pas excusable, 531. — Convocation de l'union des créanciers pour entendre le compte des syndics, 562. — L'union peut se faire autoriser à traiter à forfait des droits et actions dont le recouvrement n'a pas été opéré, 563.

Usance. De combien de jours elle est, 132. Voyez *Échéance.*

V

Vacation. Le juge de paix qui assiste à la levée des scellés, doit signer chaque vacation, 486. — Comment les vacations du greffier et des huissiers des tribunaux de commerce sont fixées, 624.

Vaisselle. Cas où la femme d'un failli peut retirer de la vaisselle d'or et d'argent, 554.

Valeur. L'extrait des actes de société doit contenir le montant des valeurs fournies ou à fournir par actions ou en commandite, 43. — On doit énoncer, dans les lettres de change et dans les billets à ordre, la manière dont la valeur en a été fournie, 110 et 188. — Cette valeur doit aussi être exprimée dans l'endossement, 137.

Vendeur. Voyez *Dettes*, *Privilége.*

Ventes. Manière dont les agens de change et les courtiers doivent consigner dans leurs livres les ventes opérées par leur ministère, 84. — Actes qui constatent les ventes, 109. — De quelle manière doit être faite la vente volontaire d'un navire, 195. — La vente volontaire d'un navire en voyage ne préjudicie pas aux créanciers du vendeur, 196. — Manière dont les syndics provisoires peuvent procéder à la vente des effets et marchandises d'un failli, 492. — Caisse dans laquelle sont versés les deniers provenant des ventes et des recouvremens, 496. — Ventes des meubles et immeubles du failli, en vertu du contrat d'union des créanciers, 528. — Par qui doit être poursuivie l'expropriation, 532. — Mode de vente des immeubles du failli, 564, — et de ceux qu'il a abandonnés, 574. — Le failli qui a fait des ventes supposées, est réputé banqueroutier frauduleux, 593. Voyez *Conditions*, *Frais.*

Vérification. Règles sur celle des créances du failli, 501 *et suiv.* Voyez *Créances.*

Veuves. Dispositions qui leur sont communes, 62. Voyez *Prescription.*

Victuailles. Cas où le capitaine peut emprunter pour acheter des victuailles, 234. — Au paiement de quels objets les victuailles sont affectées, 320. Voyez *Prêt*, *Primes*, *Vivres.*

Visa. Celui des livres de commerce, 10 et 11. — Le capitaine est tenu de faire viser son registre aussitôt après son arrivée, 242. — Visa du juge-commissaire au bas de la déclaration des syndics portant admission des titres au passif de la faillite, 506.

Visite. Où se dépose le procès-verbal de celle que le capitaine d'un navire doit faire faire avant de prendre charge, 225. — Extrait de ce procès-verbal est délivré au capitaine, qui est tenu de l'avoir à bord, 225 et 226. — Les droits de visite sont considérés comme avaries, 406.

Vivres. Cas où le capitaine peut contraindre l'équipage à les mettre en commun, 249. Voyez *Victuailles.*

Voile. Voyez *Bâtimens de mer.*

Voiture. Voyez *Lettre de voiture.*

Voituriers. De quoi ils sont garans, 103. — Autres dispositions qui les concernent, 104 *et suiv.*

Vol. Les personnes condamnées pour fait de vol ou d'escroquerie ne peuvent être admises au bénéfice de cession, 575, — ni à la réhabilitation, 612.

Voyage. Privilége pour les sommes employées en frais de construction, &c. des bâtimens de mer qui ont ou n'ont pas fait de voyage, 191. — Quand un navire est-il censé avoir fait un voyage en mer, 194. — Comment se paient les loyers des matelots quand le voyage pour lequel ils s'étaient loués est rompu, 252 *et suiv.* — Augmentation du prix des loyers lorsque le voyage est prolongé, 255. — Quels voyages sont réputés de long cours, 377. Voyez *Changement de route, Matelots, Primes.*

Vue. Voyez *Échéance.*

FIN DE LA TABLE DES MATIÈRES.

IMPRIMÉ

Par les soins de J. J. MARCEL, Directeur général de l'Imprimerie impériale, Membre de la Légion d'honneur.

www.ingramcontent.com/pod-product-compliance
Lightning Source LLC
LaVergne TN
LVHW050215180726
843501LV00012BA/1756

* 9 7 8 2 3 2 9 6 7 0 8 9 8 *